零基础
电商设计
全套技能修炼

韩鹏 花花 编著

人民邮电出版社
北京

图书在版编目（C I P）数据

零基础电商设计全套技能修炼 / 韩鹏，花花编著
. -- 北京 ：人民邮电出版社，2020.10（2023.1重印）
ISBN 978-7-115-53705-8

Ⅰ．①零… Ⅱ．①韩… ②花… Ⅲ．①电子商务—网
页制作工具 Ⅳ．①F713.361.2②TP393.092.2

中国版本图书馆CIP数据核字(2020)第051156号

内 容 提 要

这是一本讲解电商设计基础知识与实战方法的专业教程。本书从学以致用的角度出发，讲解了电商设计行业的现状与前景，以及电商设计师应该具备的基本技能。同时，本书以软件操作、配色与版式设计、店铺装修、图片的处理、字体的设计与排版等基本技法为支撑，依次对淘宝店招、导航栏、电商海报、宝贝陈列区、宝贝详情页、页尾图、店铺收藏栏、店铺首页背景、直通车图、钻展图，以及手机淘宝店铺装修等知识进行了全方位的分析与讲解。作者精选了大量工作中的实战案例，目的是让读者能够快速地提升实战技能，从电商设计小白晋升为专业的电商设计师。

随书附赠所有案例的源文件、素材文件和在线教学视频，读者可扫描资源与支持页中二维码获取，跟随书中的内容进行学习与操作。

本书适合淘宝美工初学者、想要从事网店美术设计的电商设计师、淘宝店店主及设计爱好者学习使用，也可作为电商设计培训讲师和大、中专院校相关专业老师的教学参考书。

◆ 编　著　韩　鹏　花　花
　　责任编辑　王　冉
　　责任印制　马振武

◆ 人民邮电出版社出版发行　　北京市丰台区成寿寺路 11 号
　　邮编　100164　电子邮件　315@ptpress.com.cn
　　网址　https://www.ptpress.com.cn
　　涿州市京南印刷厂印刷

◆ 开本：787×1092　1/16　　彩插：6
　　印张：15　　　　　　　　2020 年 10 月第 1 版
　　字数：551 千字　　　　　2023 年 1 月河北第 3 次印刷

定价：79.00 元

读者服务热线：(010)81055410　印装质量热线：(010)81055316
反盗版热线：(010)81055315
广告经营许可证：京东市监广登字 20170147 号

实战：不锈钢水壶图片精修案例详解　054页

实战：洗面奶图片精修案例详解　058页

实战：人像精修案例详解　059页

实战："双十一大促" 3D立体字制作案例解析　070页

实战：制作亿摆品牌的LOGO　073页

实战：制作厚德品牌的LOGO　075页

实战：制作下雪动态图　080页

实战：制作圆球动态图　082页

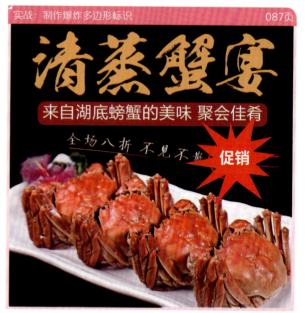

实战：制作模糊投影　090页

实战：制作渐变投影　091页

实战：制作扁平化长投影　091页

实战：制作圆柱体投影　093页

实战：制作正方体投影　092页

实战：时间轴在动态店招制作中的运用　　　　　　　　098页

实战：全屏店招的制作与安放　　　　　　　　121页

实战：制作护肤品店铺的页头导航栏　　　　　　　　131页

实战：通过CSS代码修改导航栏　　　　　　　　133页

实战：制作旺旺客服页尾　　　　　　　　171页

实战：简约海报的制作与安放 138页

实战：约惠春天——简单场景的搭建 104页

实战：年终狂欢盛典——霓虹灯文字海报设计 113页

实战：制作茶叶自定义陈列区页面 146页

实战：制作女装的详情页 155页

实战：制作分类导航型促销页尾　173页

实战：制作返回顶部型页尾　170页

实战：制作固定悬浮型首页背景　183页

实战：制作固定型首页背景　182页

实战：制作空气炸锅直通车图　196页

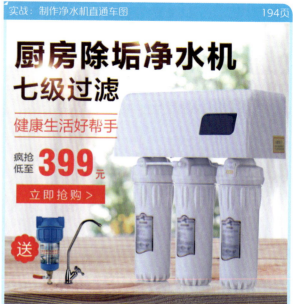

实战：制作净水机直通车图　194页

实战：制作交替型首页背景　184页

实战：制作滚动型首页背景　185页

实战：制作促销型收藏栏　177页

实战：制作服装店铺收藏栏　176页

实战：制作家用榨汁机钻展图　200页

实战：制作动态型收藏栏　178页

实战：制作剃须刀直通车图　192页

实战：制作食品店铺的钻展图　202页

实战：制作手风琴代码　　　　246页

实战：制作倒计时代码　　　　248页

实战：制作旋转木马代码　　　　251页

拓展练习：制作一个零食自定义陈列区页面　　　　148页

拓展练习：制作一个服装店铺页头导航栏　　　　134页

拓展练习：制作一个文字说明型页尾　　　　174页

拓展练习：制作一个服装店铺的店招　　　　128页

拓展练习：制作一张服装店铺的海报　　　　142页

前言

■ 本书结构说明

本书分为8个部分，共22章。

第1部分（第1章）： 讲解电商设计的基础知识、配色基础知识以及版式设计的基础知识。

目的是让读者对电商设计的概念、电商设计师应掌握的软件，以及相关理论性知识有一个全面的认识与了解。

第2部分（第2章）： 列举十几种图片处理的方法和技巧，讲解由易到难且循序渐进，让读者轻松掌握淘宝美工常用的图片处理技巧及方法。

图片的处理在电商设计中是非常重要的一环。在讲解具体的电商设计方法之前，安排这部分内容是希望读者能够从基础开始掌握电商设计的方法与技巧，为后续的设计工作做一个好的铺垫。

第3部分（第3~8章）： 对电商设计中常见字体的制作、品牌LOGO的制作、GIF动图的制作、醒目标识的制作、投影效果的制作，以及时间轴的运用方法进行讲解。

目的是让读者能够全方位地掌握电商设计的方法与技巧，设计出的内容效果更丰富。

第4部分（第9章）： 对Cinema 4D在电商设计中的运用进行讲解。

目的是让读者掌握Cinema 4D的操作技巧与方法，学会使用Cinema 4D进行海报等页面的设计，以此来吸引买家的注意。

第5部分（第10~19章）： 先讲解店招、导航栏和电商海报的制作，再讲解宝贝陈列区、详情页、页尾、店铺收藏栏、首页背景和直通车图的制作，最后讲解钻展图的制作。

目的是让读者能够充分了解与掌握电商设计的技巧与方法。

第6部分（第20章）： 以一个食品店铺项目案例展开讲解，告诉读者应该如何完成整个店铺的设计。

目的是让读者在学习了电商设计的各项方法之后，能够对电商设计有一个全面的认识、了解与掌握。

第7部分（第21章）： 对移动端淘宝网页的设计进行全面系统的讲解。

目的是让读者能将自己学到的知识真正用于实际，让自己做出的设计能够真正迎合市场需求。

第8部分（第22章）： 对当下电商设计师就业时需要了解的一些必要的代码知识进行详解。

目的是让读者能够掌握更多技能，提升自身的职场竞争力，并且对就业中一些常见的问题能够做出应对。

■ 强调与说明

书中有对案例的操作方法的详细文字讲解，部分步骤配有必要的关键词提示，也有清晰的配图示意说明。同时，在必要的操作位置配置有技巧提示、疑难问答等内容，方便读者理解，以更加深入地学习与掌握电商设计的方法与技巧。

本书为一本全面系统且综合性很强的电商设计实战教程。在学习这些案例的技巧与方法时，读者需要及时掌握一些核心步骤及常用命令的快捷键的使用。在学习完案例之后，读者需要参照案例进行实际操作，再融会贯通，举一反三。本书对参数的设置没有做严格的限定，读者应该根据产品图片来决定，切不可死记硬背。另外，由于淘宝后台系统会随时更新升级，因此本书中关于此方面的一些知识点可能会与实际存在一些差异，但基本原理和使用方法是相通的，希望读者能在阅读的同时做到活学活用。

疑难问答：对初学者较常见的一些疑惑进行解答。

小提示：对软件的使用技巧和实例操作中的难点进行重点提示。

步骤图：高清步骤图与文字同步展示，让读者更清楚每一步的操作。

关键词：在必要步骤开头设置关键词，方便读者快速理解步骤要领。

■ 使用建议

  如果想要快速学习和掌握电商设计这门技能，并且为就业打下一个好的基础的话，那么除了掌握一些必要的基础知识以外，一定要深入实践。基于此，全书以实操演练为主，软件和基础理论知识为辅，目的是从本质上真正满足读者的学习需求。

  在学习本书之前，读者最好具备一些Photoshop的基础知识，这样可以更快地上手，对知识的理解也会更充分。对本书进行学习时，读者只要按照书中的步骤演示一步步地进行操作即可。不过，书本的讲解毕竟有限，因此在训练的同时，希望读者能够针对每个案例反复地去实践和练习，养成独立思考的学习习惯，然后学会触类旁通，举一反三，将学到的知识更好地运用到现实生活当中去，以解决工作过程中所遇到的各种设计问题。

  在编写本书的过程中，由于时间和个人的编写经验有限，难免会有讲解不到位或知识点安排不周全的地方，望广大读者能够谅解。如果觉得本书对自己有帮助或有什么问题的话，欢迎进入笔者的微信公众号"传奇美工"参与讨论或做进一步的交流。

资源与支持

本书由"数艺设"出品，"数艺设"社区平台（www.shuyishe.com）为您提供后续服务。

配套资源

书中案例的源文件与素材文件　在线教学视频

资源获取请扫码

"数艺设"社区平台，为艺术设计从业者提供专业的教育产品。

与我们联系

我们的联系邮箱是 szys@ptpress.com.cn。如果您对本书有任何疑问或建议，请您发邮件给我们，并请在邮件标题中注明本书书名及ISBN，以便我们更高效地做出反馈。

如果您有兴趣出版图书、录制教学课程，或者参与技术审校等工作，可以发邮件给我们；有意出版图书的作者也可以到"数艺设"社区平台在线投稿（直接访问 www.shuyishe.com 即可）。如果学校、培训机构或企业想批量购买本书或"数艺设"出版的其他图书，也可以发邮件联系我们。

如果您在网上发现针对"数艺设"出品的图书的各种形式的盗版行为，包括对图书全部或部分内容的非授权传播，请您将怀疑有侵权行为的链接通过邮件发给我们。您的这一举动是对作者权益的保护，也是我们持续为您提供有价值的内容的动力之源。

关于"数艺设"

人民邮电出版社有限公司旗下品牌"数艺设"，专注于专业艺术设计类图书出版，为艺术设计从业者提供专业的图书、U书、课程等教育产品。出版领域涉及平面、三维、影视、摄影与后期等数字艺术门类，字体设计、品牌设计、色彩设计等设计理论与应用门类，UI设计、电商设计、新媒体设计、游戏设计、交互设计、原型设计等互联网设计门类，环艺设计手绘、插画设计手绘、工业设计手绘等设计手绘门类。更多服务请访问"数艺设"社区平台www.shuyishe.com。我们将提供及时、准确、专业的学习服务。

目录

第 *1* 章

电商设计的
基 础 知 识

随着互联网的发展，越来越多的人开始投身电商行业当中来。想要成为一名合格的电商设计师，首先需要对电商设计知识有一个基本的掌握。

1.1 电商设计概述

近年来，随着电子商务的崛起，越来越多的网店如雨后春笋一般不断涌现出来，与此同时也产生了一个新兴的行业——电商设计。

1.1.1 什么是电商设计

电商设计是传统平面设计和网页设计的结合体。我们平常在路过一些超市店铺时，会看到一些海报，上边会有一些产品的折扣促销信息。通过这些信息，我们可以清楚地知道这个超市在卖哪些产品，有哪些产品目前购买起来是比较划算的，再考虑是否购买产品。而电商设计的任务，简单地说，就是把这些产品通过各种形式呈现在网页上，让想要购物的人在这些网页上进行浏览和查看，就可以选择购买了。

图1-1所示的是一家名为"三只松鼠"的店铺的海报。从海报上我们能很快知道这家店铺是卖什么产品的，并且海报将这家店铺的品牌特色也体现得很充分，而且从视觉上来说，也带有强烈的视觉冲击感。

图1-1

1.1.2 电商设计的基本内容

电商设计的基本内容主要是围绕网店展开的，具体包括以下4点内容。

1. 修产品图

当设计师拿到产品图时，需要根据网店需求查看产品图是否可以直接使用。如果不可以，则需要对产品图进行适当处理，包括调色、抠图及二次裁剪等。

2. 主图设计

在电商设计中，产品主图设计是一个比较关键的内容。产品主图决定着买家是否会进入店铺，起着店铺流量引入的作用。

3. 网店装修

对于网店装修，首先要设计出符合网店产品特色和风格的首页，让顾客一进店就能感受到产品的文化氛围。其次，应根据促销计划对店铺首页及附加页面进行整体的创意设计、美化、维护、优化和定期更新等。

4. 宝贝详情页设计

宝贝详情页主要通过图文结合的方式展现产品的功能、特点等相关属性的内容。它对产品的销售起着至关重要的作用，具体的设计内容包括对详情页的设计、优化及更新等。

1.1.3 电商设计师的就业前景

整体来说，电商这个职业的发展前景还是很可观的。据调查，电商设计师的月薪一般为4000元左右，有一些地方还包吃包住，而且带有"五险一金"福利。具体地说，有一年工作经验的电商设计师，月薪通常为3000~6000元。同时，一些大城市的电商设计师还有初级、中级和高级之分。其中初级电商设计师的月薪为3000~5000元；中级电商设计师的月薪为4000~6000元；高级电商设计师的月薪为5000~8000元；有多年实战经验的电商设计师的月薪可高达10000元以上。此外，当我们积累了足够多的电商设计经验之后，还可以胜任设计总监、视觉总监等职位，带领美工团队，这时候的薪资一般是按年薪计算，外加销售提成。

图1-2所示为笔者通过在"职友集"网站上搜索电商设计师在北京的工资标准所得出的数据。从数据中我们可以看出，2020年北京的电商设计师的平均月薪为7600元。

图1-2

电商设计师就业主要分为以下6个方向。

网店： 如百草味、三只松鼠等电商品牌店铺。

电商平台： 如天猫、京东等电商平台。

企业的电商部门： 如小米、美的及魅族等企业的电商部门。

电商品牌策划公司： 集前期策划、产品拍摄、店铺页面设计及装修上线等网店服务为一体的公司。

外包公司： 与一些大的电商平台保持长期合作的设计公司，如武汉艺果、杭州全速等。

自由设计： 即电商设计自由职业者。

1.2 电商设计师需要具备的基本能力

通过前面的内容，我们对电商设计的基本概念有了一个基本的认识。下面，笔者将对电商设计师需要具备的基本能力进行介绍，方便大家快速地进入学习状态。

1.2.1 熟练使用设计软件

对于电商设计来说，常使用的两个软件是Photoshop和Dreamweaver。在电商设计中，Photoshop不仅可以用来进行图像编辑、图像合成、图像调色、特效制作、抠图、排版及产品图美化等一系列工作，还可以用来制作店铺首页、宝贝详情页及活动推广页等。Dreamweaver需要与Photoshop结合使用，使用时先将设计效果在Dreamweaver页面中显示出来，并完成一些网页特效的制作。图1-3展示的是Photoshop的操作界面，图1-4展示的是Dreamweaver的操作界面。

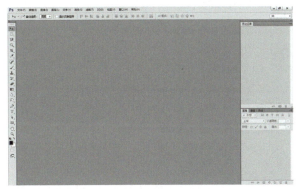

图1-3

图1-4

1.2.2 合理运用设计理念

电商设计并非是将产品信息胡乱地堆砌到页面中即可，而是要求设计师结合设计的基本原则和基本规范将

产品信息有主次、有条理、有创意及符合用户体验地在页面中呈现出来，如图1-5所示。具体来说，电商设计师需要掌握的设计理念只是包括版式设计、颜色搭配、字体设计、文案创意、市场营销和用户体验等。

图1-5

1.2.3 学会视觉营销

对于电商设计师来说，视觉营销是一个比较难具备但又很重要的能力。

一般来说，产品的广告图都要求突出产品的特点，而这个突出的特点就是产品的诉求和卖点，如图1-6和图1-7所示。因此，一个电商设计师一定要具备一个好的营销思维。在设计图片的时候，设计师要清晰地知道图片传递出去的是什么信息，是否能打动买家，做一名懂设计、懂产品又懂营销的电商设计师。

图1-6

图1-7

1.2.4 掌握与团队沟通协作的能力

对于电商设计师来说，沟通在日常工作中是一件非常重要的事情。在进行一项设计之前，首先，电商设计师需要与运营人员沟通，清楚地理解运营人员的产品策划方案和运营理念，避免作图时出现方向上的错误；其次，电商设计师需要和产品研发人员沟通，以便更清楚地了解产品文化；再次，电商设计师需要和摄影师进行沟通，确定产品图的构图、用光、色调及风格等；与此同时，电商设计师需要和推广部门沟通，了解广告位的推广需求；最后，电商设计师需要与客服人员沟通，了解哪些图需要用在哪些地方、有什么作用等。

为了方便大家理解，这里笔者制作了一个电商设计师的沟通流程图，仅供参考，如图1-8所示。

目标沟通	策略沟通	创意沟通	制作沟通	效果沟通
● 效果目标	● 产品体验	● 草图	● 形成文案	● 数据采集
● 产品策略	● 参考对象	● 创意沟通	● 画面风格	● 原因分析
● 受众分析	● 素材收集		● 分解层次	● 跌进测试
● 竞品分析	● 卖点挖掘		● 构图、色调	● 优化完成
● 环境分析	● 问题梳理		● 排版、字体	● 留档
			● 细节、气氛	

图1-8

1.3 电商设计的四大法则

设计一定是有法则与规律可循的。如果不清楚这些，就相当于摸着石头过河，做的东西不但没有美感，而且可能陷入频繁改稿的尴尬境地，又不能让顾客产生强烈的购买欲望。本节笔者将对电商设计需要遵循的4个原则进行讲解。

1.3.1 合理的店铺定位

无论是实体店，还是网店，在进行装修设计之前，都要根据店铺的运营模式、产品的整体情况和用户群体的喜好情况对店铺进行明确的定位，再有针对性地进行设计。

在店铺的定位分析这块，主要可从运营模式的定位、风格的定位和受众群体的定位这3方面入手。

1. 运营模式的定位

店铺的运营通常分为品牌型和营销型两种模式。

（1）品牌型

品牌型店铺通常将产品质量和产品服务放在第一位，致力于塑造强实力、高质量和好服务的品牌形象。在店铺视觉营销表现与设计过程中，品牌型店铺重在体现产品的价值，因此产品价格会高于同类店铺的产品，不过在产品的设计、生产工艺及售后服务等方面会优于同类店铺的产品，如图1-9所示。

图1-9

（2）营销型

营销型店铺通常将优惠活动放在第一位，致力于塑造实惠、低价的品牌形象。在店铺视觉营销表现与设计中，营销型店铺重在打造热闹的促销氛围，以此来刺激大量消费者关注和购买，如图1-10所示。

图1-10

2. 风格的定位

这里所说的"风格"主要是指买家在浏览网店页面时，店铺的氛围和品位等给买家的直观感受。在电商设计中，店铺的风格是一种无形的感觉。而对于电商设计师来说，对店铺风格的定位是比较难把控的一环。

结合日常的工作情况和经验，在这里笔者将店铺风格分为以下6类。

（1）时尚风

时尚风的特点是配色大胆，突出标题和产品模特，致力于打造时尚、大气的购买氛围，适用于女装或彩妆护肤类店铺，如图1-11所示。

图1-11

（2）复古风

复古风的特点是运用大量的中国风元素（如书法、剪纸和水墨等），致力于打造古色古香的购买氛围，适用于茶叶店或白酒产品店等店铺，如图1-12所示。

图1-12

（3）小清新风

小清新风的特点是整体以淡色调为主，致力于打造唯美、清爽和舒适的购买氛围，适用于服装店、美容护肤用品店、家居用品店和饰品店等店铺，如图1-13所示。

图1-13

（4）炫酷风

炫酷风的特点是整体以冷色调为主，致力于打造高品质、炫酷的购买氛围，适用于男士化妆品店、文体用品店、户外用品店和数码产品店等店铺，如图1-14所示。

图1-14

（5）简约风

简约风的特点是追求极简主义，致力于打造时尚、高端的购买氛围，适用于品牌女装店、品牌珠宝店等店铺，如图1-15所示。

图1-15

（6）扁平风

扁平风的特点是摒弃阴影、透视、纹理及渐变等一切不必要的修饰元素，致力于打造干净、简洁和舒适的购买氛围，适用于母婴用品店、男装店等店铺，如图1-16所示。

图1-16

3. 受众群体的定位

不同类型、不同层次的产品，面对的受众群体也是不一样的。在进行电商设计时，设计师需要根据产品的受众群体的定位情况，有针对性地对店铺进行装修与设计。

（1）男士

男士产品店铺追求有活力、健康的视觉氛围。在装修设计中，多采用绿色、蓝色和黑色等颜色，装修风格追求简洁和干净利落的效果。同时依照产品的实际情况，可以选择时尚、正式、休闲或轻松等设计元素配合设计，如图1-17所示。

图1-17

（2）女士

女士产品店铺追求优雅大方、青春靓丽的视觉氛围。在装修设计中，多采用紫色、粉色和红色等颜色。为了突出女性"柔美"的特点，可以多选用一些穿着时尚的模特的照片或文艺唯美的素材图配合设计，如图1-18所示。

图1-18

（3）婴幼儿

婴幼儿产品店铺追求可爱、天真、温馨舒适的视觉氛围，在装修设计中，多采用绿色、蓝色和黄色等偏清新的颜色进行搭配。同时为了强化可爱天真的氛围，可以多用卡通、手绘等元素配合设计，如图1-19所示。

图1-19

（4）儿童

儿童产品店铺追求明亮、活泼的视觉氛围。在装修设计中，多采用明度比较高的蓝色、黄色、紫色、粉红色等颜色进行搭配。同时为了强化活泼的氛围，可以多用稍微夸张、充满想象力的元素配合设计，如图1-20所示。

图1-20

（5）青少年

青少年产品店铺主要围绕"女生喜欢漂亮，男生喜欢帅气"的受众心理特征进行设计，追求宽松、新潮的视觉氛围。在设计中，多采用明度较高的红色、蓝色、黄色和绿色等颜色，同时突出放松、舒适和追求潮流的感觉，如图1-21所示。

图1-21

（6）上班族

上班族主要是指18~30岁的上班人群。他们对于时尚这块比较敏感，同时购买能力也较强。在设计中，需要追求时尚感，同时可以采用大量时尚语言激起他们的关注和兴趣，并引起共鸣，如图1-22所示。

图1-22

（7）老年人

老年人产品店铺追求安全、健康和温馨的购买氛围。此外，在网店中购买中老年产品的消费者一部分是年轻子女，所以购买氛围也需迎合他们的心态才行，如图1-23所示。

图1-23

1.3.2 耐看的版式

在电商设计中，各个元素信息的排版和布局是否合理直接决定着该设计是否成功。那么如何进行合理的排版和布局呢？要遵循以下4个原则。

1. 对齐

对于设计来说，"对齐"属于一个很基本的原则。我们随手翻阅一下身边的图书、杂志或报纸等，里面几乎所有的图文都会运用到对齐。依照"对齐"原则设计的页面给人稳重、统一和工整的感觉，如图1-24所示。

图1-24

在日常设计中，对齐具体划分下来有左对齐、右对齐和居中对齐3种方式。其中左对齐和右对齐相对比较容易理解，这里不过多描述，如图1-25所示。

左对齐

右对齐

图1-25

居中对齐这种方式主要运用在一些房地产、珠宝产品等的海报设计上，整体给人一种正式、大气和高端的感觉。在排版过程中，主要会选择将文案直接放在产品的上方位置，并利用文案对产品进行适当的遮挡处理，以营造出一前一后的层次感，最后加上一些光效，能提升整个画面的视觉影响力，如图1-26所示。

图1-26

2. 对比

在电商设计中，合理地运用好"对比"可以让页面层次分明，而且能够很好地将页面中的主要信息突显出来，增强页面的视觉效果，如图1-27所示。

图1-27

在日常生活中，对比具体划分下来有虚实对比、冷暖对比、文字大小对比和粗细对比这4种方式。

（1）虚实对比

"近实远虚"是日常生活中的一种视觉现象。在电商设计中，把握好虚实对比的关系可以很好地将产品主体呈现出来，并增强画面的空间感。而想要实现这样的效果，一方面可以通过减少图像的色彩层次，降低图像的纯度来实现，另一方面可以对作为背景的图像进行适当的模糊处理，产生近实远虚的感觉，如图1-28所示。

图1-28

（2）冷暖对比

电商设计中的冷暖对比主要是指色彩的冷暖对比。在进行电商设计时，使用冷暖对比方式进行排版，可以让画面看起来更加活泼，而且具有较强的视觉冲击力，如图1-29所示。

图1-29

（3）文字大小对比

在电商设计中，通过文字大小对比方式进行排版，可以将画面中的主要信息呈现得更加清晰，同时增加画面的层次感，使其看起来更加舒服和合理，如图1-30所示。

图1-30

（4）粗细对比

粗细对比即"刚"与"柔"的对比。在电商设计中，较粗的字体给人强壮、刚劲和稳重的感觉，较细的字体则给人纤细、柔弱和活泼的感觉。在电商设计中，对于主题内容信息，通常建议使用较粗的字体进行排版，而其他的则可以使用较细一些的字体，如图1-31所示。

图1-31

3. 分组

在电商设计中，设计师如果遇到一张产品图文案过多的情况，可以考虑对文案进行分组，将同组的文案摆放在一起，再进行排版。这样做的好处是不仅可以使整个画面富有条理，方便消费者阅读，还会让版面看上去更加美观，如图1-32所示。

图1-32

4. 构图

电商设计中构图有很多种方式，在这里笔者主要列举以下5种。

（1）几何切割

在日常生活中，三角形、正方形、长方形和圆形等几何图形可以组成很多有趣的图形，也很符合现代审美需求。而在电商设计中，适当加入一些几何图形，以斜切或正切的方式处理画面，会让画面看起来更加有动感和节奏感，如图1-33所示。

图1-33

（2）实物变图形

在电商设计中，若是遇到刚好符合设计想法的产

品元素，不妨将其制作成图形，然后放到画面当中，不仅可以起到填充画面的作用，让信息表达更明确，还能让画面看起来充满创意，而且更加有艺术感，如图1-34所示。

图1-34

（3）放射表现

在电商设计中，通过放射的方式将画面表现出来，能让画面呈现出较好的立体效果与空间感，同时让视觉焦点更明确，视觉冲击力更强，如图1-35所示。

图1-35

> **小提示**
>
> 需要注意的是，放射状排版的文字不适合阅读，因此要特别注意文字排版，同时建议在文字数量较少的情况下使用。

（4）直观场景的有效利用

此种构图方式往往是在内容不多，又要突出个性的页面设计中使用。这时，我们需要尽可能多地往画面上添加元素，同时在添加元素前，最好就定好画面整体的风格，设想并搭建一个框架来承载这些元素。这样处理出的画面不仅能够非常直观地表现出产品信息，而且充满情感，容易引起消费者的关注，如图1-36所示。

图1-36

（5）流程化表现

流程化的构图方式特点是从上往下逐一展示出商品信息，看起来视觉动线非常清晰和明确，且画面生动有趣，如图1-37所示。

图1-37

1.3.3 和谐的颜色搭配

色彩搭配在电商设计中也非常重要。一个好的电商设计作品通常包含色彩、图像和文字这3个元素。而在这3个元素中，色彩可以说是较重要的一个元素，如图1-38所示。

图1-38

色彩的三要素包括色相、纯度和明度。色相即颜色的相貌，例如红色的色相即为红，绿色的色相即为绿，纯度即颜色的鲜艳程度，不同的色相明度不同，纯度也不相同，明度即色彩的明暗差别，也可以说是颜色深浅的差别，如图1-39所示。

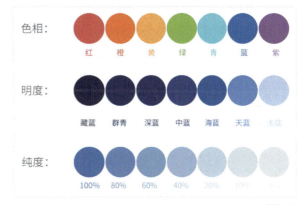

图1-39

想要学好配色，首先需要了解配色的比例标准。日本的某位设计师曾提出一个配色的黄金比例，即70：25：5。其中，70指的是大面积使用的主色，25指的是使用的辅助色，5指的是使用的点缀色，如图1-40所示。

图1-40

在电商设计中，同一个画面的色彩不建议超过3种。画面中使用的颜色越少，就越好控制一些，最终生成的画面也会显得更简洁，如图1-41所示。

颜色搭配混乱　　　　　颜色搭配合理

图1-41

当然，如果是一些特殊情况，例如要制作的是一张节日类的海报，要求画面呈现出热闹、有活力的氛围，这时候可以使用多种颜色进行搭配。

电商设计中有根据参考配色、根据理论配色、根据模特（产品）配色和根据印象配色这4种常见配色方式。

1. 根据参考配色

此种配色方式是指找到好的配色案例作为参考，然后运用到我们自己的设计中。在找参考进行配色时，不一定要只参考一些电商作品，也可以将一些好的设计作品作为参考，如图1-42和图1-43所示。

参考图

图1-42

设计图

图1-43

2. 根据理论配色

根据理论配色也是一种很好的色彩搭配方法。从配色理论上来讲，通常包含有邻近色、间隔色和互补色等搭配方式。

（1）邻近色搭配

邻近色指的是色相环上位置相近的颜色，在色相环上颜色相差90°范围以内（度数仅供参考），如图1-44所示。使用此种配色方式设计出的画面视觉冲击力较弱，画面整体给人一种和谐、柔和、温馨的感觉。

图1-44

案例分析：图1-45所示案例展示的红色+橙色的邻近色配色方案。背景主色采用了红色，场景元素搭配和文案排版上都采用了橙色，使整体画面和谐统一，视觉冲击相对较弱，给人一种舒适的感觉。

图1-45

（2）间隔色搭配

间隔色指的是色相环中不相邻的颜色。在电商设计中，间隔色的使用是非常广泛的，它既没有互补色那么强的视觉冲击力，又比邻近色多了一些明快、活泼的感觉，如图1-46所示。

图1-46

案例分析：图1-47所示案例展示的是蓝色+黄色的间隔色配色方案。相比上一个案例来说，这个案例的视觉冲击力会更强，且版面整体会给人一种明快、活泼的感觉。

图1-47

（3）互补色搭配

互补色是指在色相环中间隔180°的颜色。比较常见的互补色搭配有红色+绿色、蓝色+橙色及紫色+黄色等。在电商设计中，互补色搭配可以表现出一种力量感、起势感和活力感，视觉冲击感非常强，而且属于非常时尚现代的一种颜色搭配，如图1-48所示。

图1-48

案例分析： 图1-49所示案例展示的是紫色+黄色的互补色配色方案，构成了一冷一暖的搭配形式，让画面极具视觉冲击力，令人过目不忘，而且营造出一种力量感和气势感。

图1-49

> **小提示**
>
> 在用互补色搭配时，要注意以下3个问题。
>
> ① 控制好画面的色彩比例。由于互补色颜色对抗性较强，在搭配时通常将一个颜色作为主色，另一个颜色作为辅助色或点缀色。
>
> ② 在具体搭配颜色时，可以根据实际需要，降低某个颜色的明

> 度或饱和度，让画面产生一种明暗对比，以对颜色之间所产生的对抗性起到一定的缓冲作用。
>
> ③在具体的配色当中，在必要的情况下可以在画面中加入黑色或白色作为调和色，以进一步缓冲颜色之间的对抗性。

3. 根据模特（产品）配色

根据画面中要出现的产品或模特着装情况去进行颜色提取和搭配，是一种常见又快速有效的配色方式。

案例分析： 图1-50所示的文字和背景颜色来源于模特的衣服。不过在具体设置的时候，可对纯度进行调整，避免直接使用吸管吸取的颜色。

图1-50

4. 根据印象配色

不同的色彩可以给人不同的印象。当人们看到一种颜色时，总是会下意识地联想到生活中常见的一些事物，并将当时的心理感受植入相应的色彩，这就是色彩印象。而在电商设计中，这种植入方式同样适用。

下面为大家介绍一些常见的印象配色方式。

（1）红色印象

红色在视觉上穿透力较强，且感知度高，它容易使人们联想到太阳、火焰、热血及花卉等，给人以温暖、兴奋、活泼、热情、积极、希望、忠诚、健康、充实、饱满及幸福的感觉，但同时也象征着幼稚、原始、愤怒、威胁等。

案例分析： 图1-51所示为一张年货海报，红色历来是中国传统中喜庆的色彩，因此在春节之际，这样的颜色很适合用于电商海报，给人以喜庆、热情和积极的感觉。

图1-51

（2）橙色印象

橙色与红色一样，都属于暖色调。它既有红色的热情，又有黄色的光明、活泼，给人以阳光、温暖和欢快的感受，是一种比较受人们喜爱的颜色。

案例分析： 图1-52所示为一张关于饮食的海报，采用橙色作为主色调，一方面给人以欢快、明亮的感受，另一方面也可以达到引人关注的目的。

图1-52

（3）黄色印象

黄色是所有色相中明度较高的色彩，给人以光明、迅速、活泼及轻快的感觉。不过，由于黄色过于明亮而且刺眼，所以大多时候会被用来作为警示的颜色，例如室外作业的工作服、警示牌及交通信号灯等的颜色。

案例分析： 图1-53所示为一张服装海报，其针对的产品是偏少女风格的，为了让画面呈现出活泼、轻快的效果，主色调采用了黄色，同时也凸显一种高贵、大气的感觉。

图1-53

（4）绿色印象

绿色象征生命、青春、和平、安详及新鲜等，在视觉上具有消除眼部疲劳的功能。其中，黄绿带给人以春天的感觉，且较受儿童及年轻人的欢迎；蓝绿色、深绿色是海洋、森林的象征，有着深远、稳重、沉着及睿智等含义，多出现在一些护肤品、环保类产品的设计中；土绿、橄榄绿、咸菜绿及墨绿等色彩给人以成熟、老练和深沉的感觉，常出现在一些比较正式的场合或一些中老年用品的设计中。

案例分析： 图1-54所示为一张关于护肤品的海报，采用绿色作为主色调，从侧面烘托出了纯天然、安全的感受。

图1-54

（5）蓝色印象

蓝色与红色、橙色相反，是典型的冷色，带有沉静、冷淡、理智、高深、透明、科技和现代的含义，同时又带有刻板、冷漠、悲哀及恐惧等含义。其中，浅蓝色系明朗又富有青春朝气，为年轻人所钟爱，但也给人以不够成熟的感觉；深蓝色系给人沉着、稳定的感觉，是中年人普遍喜爱的色彩。

案例分析： 蓝色代表着科技感、商务感，因此在如图1-55所示的产品海报中将蓝色作为主色调，一方面可以突出高科技的感觉，另一方面也给人一种安全的感受。

图1-55

（6）紫色印象

紫色容易给人神秘、高贵、优美、庄重及奢华的感受，有时也给人孤寂、消极的感受。其中，偏暗或偏深灰的紫色容易给人以不祥、腐朽和死亡的感觉，多出现在一些复古产品的设计中；偏浅灰的红紫色或蓝紫色给人以优雅、神秘的感觉，多出现在一些时尚产品的设计中。紫色容易引起心理上的忧郁和不安，但紫色又给人以高贵、庄严的感觉，所以妇女对紫色的喜好度很高。

案例分析： 图1-56采用紫色作为主色调来凸显出一种年轻女孩子的优美的气质，同时紫色也给人一种奢华的气质，显得更有档次。

图1-56

1.3.4 舒服的字体搭配

文字是构成版面的基础模块。在电商设计中，合适的字体搭配不仅可以让消费者更加清晰地了解产品，还能将消费者的目光从众多的产品信息上转移到我们展示的产品上来。

下面，笔者给大家介绍在电商设计中比较常见的4种字体的用法。

1. 黑体

黑体字比较偏方正，笔画给人醒目、粗壮的感觉，在电商设计中适用范围较大，可塑性也很强。其中较粗的黑体字适用于标题，较细的黑体字适用于正文。

案例分析： 图1-57所示为一张关于男装的促销海报，字体采用了粗黑体，如此可以给人一种很强的促销感，而且体现出一种力量感。

图1-57

2. 宋体

宋体字横细竖粗，笔画末端有装饰部分，比较具备文化艺术气息，适用于女装店、女性化妆品店和护肤品店等店铺。

案例分析： 图1-58所示为一张女装海报，字体采用宋体，以凸显女性的贤淑气质。

图1-58

3. 圆体

圆体是由黑体演变而来的，在笔画的拐角处和末端用圆弧修饰。圆体字在保留了黑体的严肃和规矩的同时，又增加了一些灵动与活泼感，适用于儿童用品店、母婴用品店和美食产品店等店铺。

案例分析： 图1-59所示为一张母婴用品海报，字体采用圆体，一方面给人以圆润的感受，同时也给画面增加了一些活泼气质。

图1-59

> **小提示**
>
> 与宋体字形不同的是，圆体字形能更加明确地表现出柔美感，而宋体字形更倾向于表现精致且富有内涵的气质。

4. 书法体

在书法字体中，行书的应用范围较广泛；草书偏向于装饰和艺术表现；隶书相对行书和草书来说，缺少冲击力和奔放感，使用率偏低。

在电商设计中，书法字体的使用不用看具体是哪个字体，主要看字体形态。一般来说，线条较粗的字形适合商业气息较重的店铺，如运动产品店或工业产品店等店铺，呈现的视觉冲击力较强；线条较细的字体看起来会比较精致，适用于美容用品店、化妆品店、服装店、餐饮店及文化艺术品店等店铺。

案例分析： 图1-60所示的字体为书法字体，其装饰性大于阅读性，让画面呈现出一种古色古香的气息。

图1-60

1.4 关于店铺装修的一些基础知识

当将页面内容设计好之后，需要在店铺网页中展示出来，才能让买家真正看到，因此装修成了电商设计师必备的一种技能。本节笔者给大家详细讲解店铺布局、装修的常用尺寸及店铺装修流程等知识。

1.4.1 电商网页的结构与布局

整体来说，淘宝、天猫等网站上的店铺都由3个重要板块构成，分别是首页、列表页和详情页。首页包含的内容有店招、导航栏、首屏推荐和产品推荐等，列表页包含的内容有店招、导航栏、左侧栏和搜索列表等；详情页包含店招、导航栏、左侧栏、宝贝基础栏和宝贝详情页等。

对于首页、列表页和详情页这3大板块，每一个板块我们又可以将其划分为页头、页中和页尾3大部分。其中首页页头由店招+导航栏组成；首页页中通常会放置全屏海报、优惠券、推荐宝贝展示栏以及客服中心栏等模块；首页页尾部分就是单独放置一个页尾，属于一个对重点信息进行二次展示，补充说明的部分。列表页、详情页的页头、页尾部分和首页的页头、页尾一样的，列表页的页中由左侧栏和宝贝搜索列表组成，详情页的页中由左侧栏和宝贝基础栏、宝贝详情页组成，如图1-61所示。

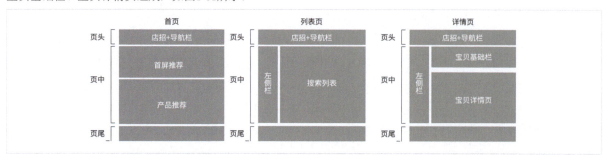

图1-61

针对不同的产品和店铺需求，在具体设计时网页的结构和布局也会有差别，不过基本的流程是不变的，主要分为以下3步：确定店铺风格→根据文案，确定首页模块数量→根据模块数量和顺序，搭建首页框架。

1.4.2 电商网页的尺寸

在电商设计中，针对不同的板块，设计尺寸都有不同的要求，这里笔者为大家做一个简单说明，大家只需要简单了解即可。而在后续具体的案例讲解过程中，笔者会教大家如何进行尺寸的设置，如图1-62所示。

	基础版／专业版	天猫版
店招	950px×120px(普通) 1920px×120px(全屏)	950px×120px(普通) 1920px×121px(全屏)
导航栏	950px×30px(普通) 1920px×30px(全屏)	950px×30px(普通) 1920px×30px(全屏)
海报	750px×自定义高度(基础) 950px×自定义高度(专业) 1920px×自定义高度(全屏)	990px×自定义高度(普通) 1920px×自定义高度(全屏)
详情页	750px×自定义高度	751px×自定义高度
主图	800px×800px	800px×801px
直通车图	800px×800px(单品推广型) 210px×315px(店铺推广型)	
钻展图	520px×280px	

图1-62

1.4.3 淘宝旺铺

淘宝旺铺是淘宝开辟的一项增值服务和功能，是一种更加个性豪华的店铺界面。它可以使消费者购物体验更好，更易让消费者产生购买欲望。

1. 淘宝旺铺版本的分类

淘宝旺铺目前分为3个版本，分别为基础版、专业版和智能版。基础版是所有卖家都可以免费使用的版本；专业版是店铺等级为一钻以下的卖家免费使用，一钻以上的卖家使用时每月需要支付50元；智能版是一钻以下的卖家免费使用，一钻以上的卖家使用时每月需要支付99元。

下面简单分析一下每个版本的使用优势。

为了使网店更个性化，旺铺专业版在个别功能上进行了升级。例如，列表页面模板数从1升级到15，详情页宝贝描述模板数从3升级到25，可添加自定义页面数从6升级到50，默认配色套数从5升级到24，自定义备份数从10提升到20，布局结构(首页)从两栏扩充到通栏、两栏或三栏，如图1-63所示。

相对基础版和专业版来说，智能版在PC端增加了全屏海报和全屏轮播模块，同时增加了一个左侧悬浮导航的功能。旺铺智能版在使用中的最大优势是在移动端网页设计中具备"智能双列宝贝"和"智能单列宝贝"功能，也就是我们常说的"千人千面"功能。同时它还具有实用的"美颜切图"功能、"智能海报"功能和"标签图模块"功能，如图1-64所示。

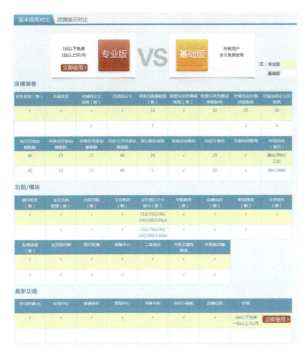

图1-63

图1-64

2. 不同版本的订购流程

就基础版、专业版和智能版这3个版本而言，基础

版是不需要订购的。接下来为大家介绍一下专业版和智能版的订购流程。

（1）专业版的订购

01 在网站中搜索关键词"服务市场"，打开"服务市场"网页，在输入框里输入"旺铺 专业版"字样，如图1-65所示。

图1-65

02 单击打开"淘宝旺铺"产品页面，在弹出的页面中的"服务版本"一栏中选择"专业版"选项，同时在"周期"一栏中根据自身的需求选择对应的订购时间（专业版是一钻以下卖家免费使用，一钻以上卖家使用时每月需支付600元，最后单击"立即购买"按钮，完成订购，如图1-66所示。

图1-66

（2）智能版的订购

01 打开卖家后台页面，单击"店铺管理"下方的"店铺装修"选项，进入店铺装修页面，如图1-67所示。

图1-67

02 单击页面左上方的"升级到智能版"按钮，在弹出的网页中的"服务版本"一栏中选择"智能版"选项，同时在"周期"一栏中根据自身的需求选择对应的订购时长，最后单击"立即购买"按钮，完成订购，如图1-68和图1-69所示。

图1-68

图1-69

1.4.4 图片空间的使用

　　淘宝图片空间按照字面意思解释就是用来存储淘宝商品图片的网络空间，使用步骤如下。

1. 上传宝贝图片

01 打开淘宝网，在页面右上方单击"卖家中心"选项，在登录页面中输入账号和密码，并登录，如图1-70和图1-71所示。

02 成功登录账号后，在页面中单击"店铺管理"下方的"图片空间"选项，进入图片空间页面。单击"上传图片"按钮，将选定的图片上传到图片空间中即可，如图1-72和图1-73所示。

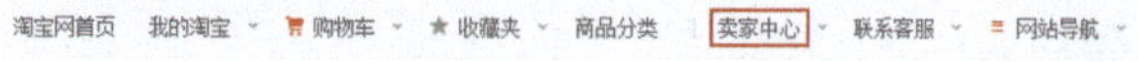

图1-70

图1-71　　　　　　图1-72

图1-73

2. 复制图片链接

01 在"图片空间"中，如果想复制任何图片的链接，只需要用鼠标单击一下图片，该图片会显示为绿色被选中状态，如图1-74所示。

图1-74

02 在图片显示为绿色且被选中状态下，单击绿色区域中的"复制链接"按钮🔗，会弹出一个"请手动复制内容"对话框，在对话框中按快捷键Ctrl+A对链接进行全选，再按快捷键Ctrl+C，即可完成复制，如图1-75所示。

图1-75

3. 建立图片文件夹

打开"图片空间"页面，单击"新建文件夹"按钮，在弹出的"新建文件夹"对话框中设置文件夹名称，设置完成后单击"确定"按钮，如图1-76和图1-77所示。

图1-76

图1-77

4. 批量编辑图片

打开"图片空间"页面，按住Shift键，逐个单击选中想要编辑的图片，如图1-77所示。可单击"多图复制"按钮、"移动"按钮、"适配手机"按钮或"删除"按钮，对选中的图片进行批量编辑操作，如图1-78和图1-79所示。

图1-78

图1-79

1.4.5 店铺装修的基础流程

店铺装修的流程其实很简单，主要分为以下5个步骤。

1. 店铺首页布局

01 打开淘宝网，在页面右上方单击"卖家中心"选项，登录账号，单击"店铺管理"下方的"店铺装修"选项，进入店铺装修页面，如图1-80所示。

图1-80

02 在店铺装修页面中单击"布局管理"按钮，将选定的图片上传到图片空间中。单击"添加布局单元"按钮，选择需要添加的布局单元，并单击"移动"按钮将添加的单元移动到合适位置，如图1-81所示。

图1-81

2. 设置店铺背景

01 打开淘宝网，在页面右上方单击"卖家中心"选项，登录账号，单击"店铺管理"下方的"店铺装修"选项，进入店铺装修页面，如图1-82所示。

02 在店铺装修页面中单击"页面"按钮，在"页面背景色"一栏中设置背景的颜色，在"页面背景图"一栏中上传背景的图片，如图1-83所示。

图1-82   图1-83

3. 添加或删除首页模块

如果想要添加模块，需要单击选择要添加的模块，然后直接拖曳到页面中，即可完成添加，如图1-84所示。

图1-84

如果想要删除模块，只需要将指针放置在想要删除的模块上，此时页面中会出现一个"删除"按钮，之后单击按钮，即可完成删除，如图1-85所示。

图1-85

4. 添加自定义页面

打开店铺装修页面，单击"首页"按钮，在弹出的下拉菜单中单击"新建页面"按钮，会弹出一个"新建页面"对话框。在对话框中的"页面类型"一栏中选择"自定义页"选项，在"页面名称"中设置页面名称，在"页面内容"一栏中可根据需求设置页面的布局方式，设置完成后，单击"保存"按钮，完成添加，如图1-86和图1-87所示。

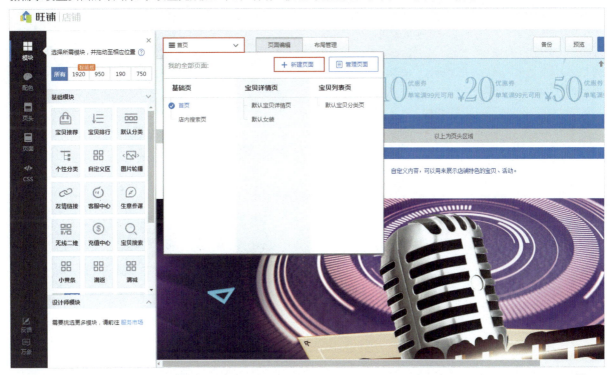

图1-86

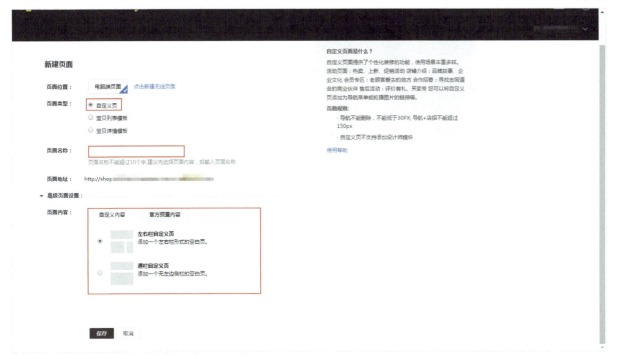

图1-87

5. 上传宝贝详情页图片

01 打开淘宝网，在页面右上方单击"卖家中心"选项，在登录页面中输入账号和密码，并登录，如图1-88所示。

02 账号登录成功后，在页面中的"宝贝管理"下方单击"发布宝贝"选项，如图1-89所示，进入编辑页面。在编辑页面中单击"上传图片"按钮，上传需要的图片，并选择"电脑端"选项，最后单击"确认"按钮，即可完成上传，如图1-90所示。

图1-88　　　　　　图1-89

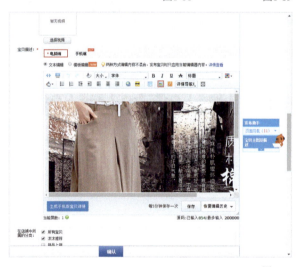

图1-90

1.4.6 图片的切割、优化与存储

简单来说，图片切割就是把一张大图切割成若干张小图，然后再上传到网上去，避免因整张图太大，上传后导致网页加载过慢，顾客等待时间过长，造成不必要的顾客流失。假如我们对图片做了切片处理之后再上传，网页会逐个把切片图依次打开，这样网页的加载速度自然就快了，也就优化了顾客的体验。

1. 图片的切割

切片工具的使用，主要分为以下3个步骤。

01 执行"文件>打开"命令，打开需要进行切片处理的图片，如图1-91所示。

图1-91

02 执行"视图>标尺工具"命令，调出标尺。选择"移动工具" ![移动工具]，然后依次从上方和左侧拉出参考线，并放置到合适位置，作为切割参考线，如图1-92所示。

图1-92

03 选择“切片工具”，然后单击选项栏中的“基于参考线的切片”按钮，即可根据画面中的参考线快速创建切片，如图1-93所示。

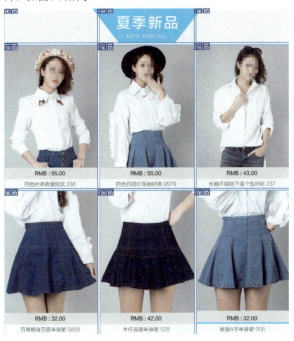

图1-93

小提示

另外还有一种切片方法是可以根据自行设定的数值进行自动切片，即划分切片。选择“切片工具”，将指针移动到画布中，然后单击鼠标右键，在弹出的菜单中选择“划分切片”选项，如图1-94所示。之后在弹出的对话框中，根据需要设置切割的形式为水平划分或竖直划分，同时设置切片的个数或按切片的像素数进行切割，如图1-95所示。

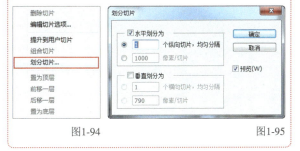

图1-94

图1-95

2. 切片图的优化

在切片的时候，有时候我们会发现一些不需要切开的地方却被切开了，这时候如何对其进行优化处理呢？主要可分为以下两步来完成。

01 执行“文件>打开”命令，打开“切片”素材，如图1-96所示。观察图片，会发现这张切好的图其实标题部分是不需要分割的，但被切开了。

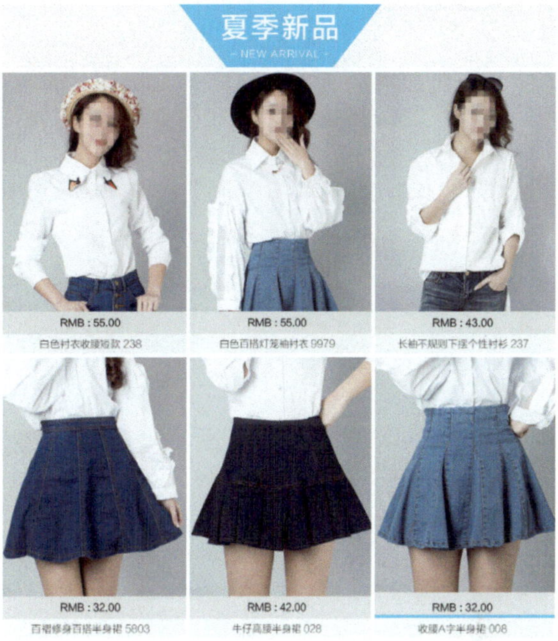

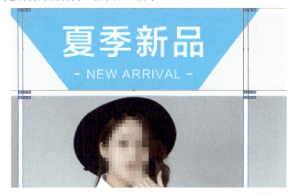

图1-96

02 选择“切片选择工具”，然后在按住Shift键的同时，单击选中想要合并的切片，如图1-97所示。之后单击鼠标右键，在弹出的菜单中选择“组合切片”选项，即可完成切片的合并，如图1-98所示。

图1-97

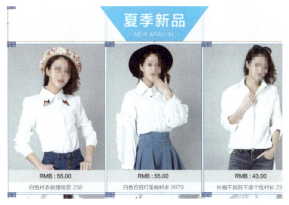

图1-98

3. 切片图的存储

当将图片按照需求切好之后，我们需要对其进行存储，然后再上传到网页中。

执行"文件>存储为Web所用格式"命令，如图1-99所示。在弹出的"存储为Web所用格式"对话框中设置"存储格式"为"JPEG"，"品质"为"80"，之后单击"存储"按钮，如图1-100所示。选择图片保存的位置，然后依次进行编号，并单击"保存"按钮，即可完成存储操作，如图1-101所示。

图1-99

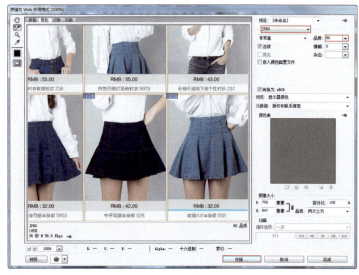

图1-100

图1-101

第 2 章

如何处理
淘宝图片

Photoshop是一款功能非常强大的修图软件。本章将对如何使用Photoshop对电商图片进行处理的技法（包括抠图、调色及商品人像精修等）展开讲解，目的是让读者轻松地掌握淘宝图片的处理技法，为下一步的设计做准备。

2.1 图片的基本处理方法

更改图片的尺寸、裁切图片和更改图片格式属于电商美工常见的工作内容。尤其是更改图片尺寸的操作在工作中会经常遇到。这样处理图片可以减少图片所占用的内存，从而提升图片在网页中加载的速度，减少顾客浏览图片时等待的时间。

2.1.1 调整图像的大小

在Photoshop中，我们可以用"图像大小"命令来修改图片的大小和分辨率，并且操作非常简单和方便。首先在Photoshop中打开一张图片，然后执行"图像>图像大小"命令，如图2-1所示。在打开的"图像大小"对话框中，我们可以根据需要对图像的大小进行调整，如图2-2所示。

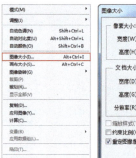
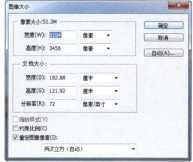

图2-1　　　　　　　　　　图2-2

> **❓ 疑难问答**
>
> **问：** "约束比例"怎么用？
>
> **答：** 当我们勾选"约束比例"前面的复选框，调整图像的宽度和高度的时候，无论调整哪一项，另外一项都会根据比例自动缩放和调整。

2.1.2 裁剪图片

在电商设计中，裁剪图片主要分为3种形式，包括自由裁剪、按尺寸裁剪和透视裁剪。

1. 自由裁剪

在设计过程中，裁剪照片的作用之一是可以通过合理地截取图像中的局部内容，起到突出主体的作用。

执行"文件>打开"命令，弹出"打开"对话框，如图2-3所示。在"打开"对话框中选择素材并打开，然后在软件界面中选择"裁剪工具"，直接拖

动裁剪框确定裁剪范围，如图2-4所示。裁剪完成后的效果如图2-5所示。

图2-3

图2-4　　　　　　　　　　图2-5

2. 按尺寸裁剪

执行"文件>打开"命令，在"打开"对话框中选需要裁剪的素材，如图2-6所示。打开素材后，单击选择"裁剪工具"，在选项栏中设置"裁剪尺寸"为"800像素×800像素"，此时裁剪框变成正方形，如图2-7所示。按Enter键确认裁剪操作，如图2-8所示。

图2-6

图2-7　　　　　　　　　　图2-8

3. 透视裁剪

在裁剪工具组中，还包含了"透视裁剪工具" ，它可以帮助我们把具有透视问题的图片矫正。如图2-9所示，在"裁剪工具" 图标上单击鼠标右键，选择"透视裁剪工具" ，然后拖曳鼠标建立裁剪点，效果图如图2-10所示。创建好需要裁剪的区域后，如果没有问题，可以单击右上角的"提交当前裁剪操作"按钮 ，此时多余的部分就会被自动裁剪掉，并把具有透视问题的图片矫正，如图2-11所示。

图2-9

图2-10

图2-11

图2-14

2.1.3 更改图片格式

在电商设计中经常会涉及需要将图片修改为合适格式的情况。在Photoshop中更改图片格式非常简单，只需要执行"文件>存储为"命令或执行"文件>存储为Web所用格式"命令，如图2-12和图2-13所示，然后在"存储为"对话框中对图片的格式进行重新选择并保存，就完成了对图片格式的修改，如图2-14所示。

2.2 抠图

在电商设计中我们常常需要对产品图进行抠图，以满足我们的审美或者各项设计需要。在Photoshop中抠图的方法有很多种，下面笔者来分别给大家分析介绍一下。

2.2.1 使用"魔棒工具"抠图

打开素材图，通过观察我们可以发现，这张素材图背景相对单一，且商品边缘颜色和背景反差较大。在这种情况下，我们可以选择"魔棒工具" 对产品图进行抠图处理，整个抠图过程简单省时，并且抠图效果自然。

具体操作方法

单击选择 "魔棒工具" ，在图像中的白色背景中单击左键，此时在图像边缘会出现蚂蚁线，如图2-15所示。之后双击背景图层并单击"确定"按钮，将背景图层解锁，按Delete键删除所选区域。最后，按照相同的方法删除图像中其他的白色区域，完成抠图，如图2-16所示。

图2-15　　　　　　　　图2-16

图2-12　　　　　　　　图2-13

2.2.2 使用"钢笔工具"抠图

淘宝网经常会有一些官方活动要求产品图背景为纯白色，假设这时我们手里的素材是彩色背景的，可以考虑用"钢笔工具" ✍️ 将产品从场景图中抠出来，并换为纯白色背景。

📎.. **具体操作方法**

01 打开素材并勾画路径。 打开素材图，此时能看到产品是在一张场景图当中，如图2-17所示。选择"钢笔工具" ✍️，在选项栏中设置"工具模式"为"路径"，然后沿着产品边缘依次单击创建锚点并拖曳调节柄，使勾画出的路径与商品边缘充分贴合。当最后一个锚点和第一个锚点重合时，鼠标指针会呈现为 ✍️ 样式，此时单击一下鼠标，即可得到一个封闭路径，如图2-18所示。

图2-17 图2-18

❓ **疑难问答**

问：怎么使用Ctrl键调整锚点？

答：当我们使用钢笔工具抠图时，如果锚点位置不合适或者拖曳出的调节柄不合适，可以按住键盘上的Ctrl键，并在不松手的同时用鼠标拖曳调节柄，将锚点调整到合适位置。

02 建立选区并填充背景。 路径建立完成后，单击选项栏中的"选区"按钮 选区... 并单击"确定"按钮或者直接按键盘上的快捷键Ctrl+Enter，将路径转为选区，如图2-19所示。按快捷键Ctrl+J将选区图层复制一个，得到"图层1"图层，如图2-20所示。设置前景色为白色，然后单击选择"背景"图层，并按快捷键Ctrl+Delete填充背景色，抠图完成，如图2-21和图2-22所示。

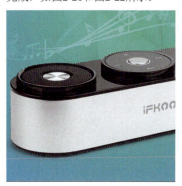

图2-19 图2-20

图2-21 图2-22

2.2.3 使用"调整边缘"抠图

对于电商美工初学者来说，发丝抠取想必一直是一个比较难解决的设计问题。在本节中，笔者将教大家利用"调整边缘"功能轻松地将发丝抠取出来。

📎.. **具体操作方法**

01 创建选区。 打开素材图，可以发现这张人像头发相对散乱，如图2-23所示。选择"快速选择工具" ✍️，在选项栏中单击"添加到选区"按钮 ✍️，在页面的灰色背景上单击创建选区，直至将背景全部选中，如图2-24所示。

图2-23 图2-24

02 调整选区。 执行"选择 > 反向"命令，反选选区。单击选项栏中的"调整边缘"按钮 调整边缘... ，打开"调整边缘"对话框，然后在对话框中设置"视图"为"背景图层"，然后单击"调整半径工具" ✍️，如图2-25所示。

图2-25

03 抠取发丝。 使用"调整半径工具" 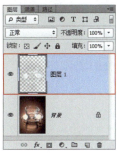 在人物的毛发处进行适当涂抹，以达到抠出发丝的目的。完成之后勾选"净化颜色"复选框，单击"确定"按钮，如图2-26所示，完成抠图，如图2-27所示。

图2-26　　　　　　　图2-27

2.2.4 使用"通道"抠图

对于透明物体的抠图来说，"通道"是一个表现力非常强大的功能。在这里，笔者以一个透明的玻璃杯为例，给大家讲解一下"通道抠图"的操作方法。

✎ **具体操作方法**

01 观察并分析通道。 打开原图，单击"通道"面板，此时在"通道"面板中我们除了会看到有一个RGB复合通道，还会看到"红""绿""蓝"3个单色通道，如图2-28所示。仔细观察玻璃杯，看看玻璃杯在哪个通道里黑白对比更明显，细节更丰富。经过对比观察后发现，杯子在"蓝"通道里的透明性是最好的。

图2-28

02 根据通道抠取杯子。 单击选择"蓝"通道，在"通道"面板下方单击"通道作为选区"按钮，会得到一个"蓝通道"选区。按快捷键Ctrl+C复制选区，单击RGB复合通道，将黑白图像转换为彩色图像。单击"图层"面板，按快捷键Ctrl+V粘贴复制的"蓝通道"选区，得到"图层1"图层，如图2-29所示。隐藏"背景"图层，发现抠出的图形不够理想，有多余的部分出现，此时使用"钢笔工具"  将多余部分抠掉即可，最终效果如图2-30所示。

图2-29　　　　　　　图2-30

2.3 调色

在电商美工中，我们经常会遇到一些图片的色调不够好或者颜色不是我们想要的，而不适合直接拿来做设计的情况。此时，我们可以利用Photoshop中的调色工具对图片进行调色。

Photoshop中常用的调色功能包括色相饱和度调色、色彩平衡调色和可选颜色调色等。

2.3.1 使用"色相/饱和度"调色

"色相/饱和度"命令是一种可以快速调整图像色相的命令，使用它可以随意地对画面中的颜色进行调整，但是需要注意的是黑色、白色属于无色系，不可以进行调整。

✎ **具体操作方法**

01 打开并分析素材。 打开素材图，可以看到图片中的鞋子是青色的，如图2-31所示。此时我们想把鞋子的颜色更换成其他颜色，就可以利用Photoshop中的"色相/饱和度"命令进行处理。

图2-31

02 改变鞋子颜色。执行"图像>调整>色相/饱和度"命令，在对话框中选择"青色"选项组，调整"色相"为"133"，可以看到青色的鞋子变成了紫色，如图2-32和图2-33所示。

图2-32 　　　　　　　　　　　图2-33

2.3.2　使用"色彩平衡"调色

"色彩平衡"命令是根据图片的色调分别对图像中的高光、阴影和中间调区域进行调色的一种工具。不过要注意的是，色彩平衡更多的是用于大环境的调色，而非某个单一色相的调整。

这里，笔者以一张茶园图片为例，教大家使用"色彩平衡"功能进行调色。

✎ **具体操作方法**

01 打开并分析素材。打开素材图片，可以看到这张图片是偏绿色的，如图2-34所示。此时需要给图片增加一些黄色，让其看起来更通透，且显得更有意境。

图2-34

02 调整图片颜色。执行"图像>调整>色彩平衡"命令，在弹出的对话框中选中"中间调"选项，然后将"黄色"一栏中的滑块适当向左移动，如图2-35所示。此时观察图片，会看到图片中的黄色部分更亮了，图片整体也显得更通透，氛围也更浓烈了，如图2-36所示。

图2-35 　　　　　　　　　　　图2-36

2.3.3　使用"可选颜色"调色

在用Photoshop调色的过程中，"可选颜色"是一个非常有用的功能。在使用该功能时，可以选择图片中的某一种颜色并进行调整，而不会影响到画面中的其他颜色。

在这里，我们同样以一张茶园图片为例。在这张图片中，我们可以选择其中的黄色部分并进行调整，使图片变得更绿，而保证其他的颜色不会受到影响。

✎ **具体操作方法**

01 打开并分析素材。打开素材图，可以看到这张素材图片整体有些发黄，如图2-37所示。此时我们需要调整画面中的黄色部分，使其变得更绿。

图2-37

02 调整图片颜色。执行"图像>调整>可选颜色"命令，在打开的对话框中选择"黄色"选项组，设置"青色"为"97%"，洋红为"-23%"，起到增加绿色并去掉黄色的作用，如图2-38所示，最终效果如图2-39所示。

图2-38 　　　　　　　　　　　图2-39

❓ **疑难问答**

　　问："图像"菜单中的"色彩调色"命令和"图层"面板中的"调节层调色"命令之间的区别是什么？

　　答：使用"色彩调色"命令调整的颜色不可更改，属于破坏性编辑；使用"调节层调色"命令调整的颜色可以再更改，并且调整时的效果对这个调整层下面所有图层都会产生影响。当然，在此种情况下，也可以通过"剪贴蒙版"功能的控制，让调整操作只对一个图层有影响。

2.4　其他常见问题的解决方法

对淘宝图片进行处理时，我们除了会遇到以上笔者提到的那些问题以外，还经常会遇到一些其他的问题，例如图片曝光不足、有瑕疵或水印、对比度不够及图片偏暗等问题。我们在针对人像修图的时候，还会遇到模特脸上出现多余的痘痘或斑点等的问题，这样直接做出来的页面毫无疑问会影响产品给顾客的第一印象。

下面，笔者针对以上这些问题讲解一下处理和解决的方法。

2.4.1 对比度不够怎么办

如果一张图片给人的感觉是灰蒙蒙的，且整体偏暗，则我们可以判定图片的问题在于对比度不够，需要对其进行调整。

具体操作方法

打开素材，如图2-40所示。执行"图像>调整>色阶"命令，在弹出的对话框的"输入色阶"设置栏中调整左侧按钮，使图像中阴影部分突出。调整右侧按钮，使图像中高光部分变得更亮，如图2-41所示。仔细观察对话框可以发现，此时黑色滑块上面是有颜色信息的，而白色滑块上面是没有的，所以这里我们只需要再将白色滑块拖曳到有颜色信息的地方即可，这样图片便可以亮起来了，最终调整好的效果如图2-42所示。

图2-40

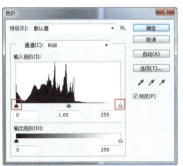

图2-41

图2-42

2.4.2 如何虚化背景，突出主体

在淘宝图片处理中，有时候为了能让主体在图片中更加突出，往往需要对图片做背景模糊处理。这里我们主要会使用到的是"模糊工具"，模糊工具的主要作用就是使涂抹的区域变得模糊，以突出主体部分。

具体操作方法

01 打开并分析素材。打开素材图，我们发现背景有些杂乱，且颜色较明显，不好突出主体，为了解决这一问题，需要对背景予以模糊处理，如图2-43所示。

02 模糊背景。单击选择"模糊工具"，然后在选项栏中对参数进行适当设置，并直接在图像中对想要模糊的位置进行涂抹操作即可，如图2-44所示。

图2-43　　　　　　　　　　　图2-44

2.4.3 如何使用"仿制图章工具"修除瑕疵

"仿制图章工具"的工作原理是先从图像上复制信息，然后将复制的信息应用到其他区域或图像上，以达到修除瑕疵的目的。它操作方便快捷，且效果自然。

具体操作方法

01 打开并分析素材。打开素材图，我们发现人物的脸上存在一些瑕疵和斑点，需要予以清除，如图2-45所示。

图2-45

02 单击选择工具箱中的"仿制图章工具"，把光标移到图像中没有瑕疵的地方，然后按住Alt健，单击鼠标选择并确定"仿制源"，如图2-46所示。之后在需要修除的地方单击一下，并且多次重复该操作，即可完成瑕疵的去除。效果如图2-47所示。

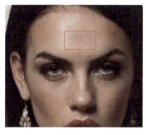

图2-46　　　　　　　　　　　图2-47

🐹 小提示

这里要注意的是，在选定"仿制源"的时候，要确保仿制出的像素与待修除位置的像素的颜色、明暗等效果相似或一致。

2.4.4 如何使用"修补工具"去除人物眼袋

在电商人像修图中，去眼袋也是我们经常要进行的一个工作。

✎... **具体操作方法**

01 **打开并分析素材**。打开素材图，观察图片，我们会发现图像中的模特眼袋情况比较严重，整个人看起来都没有活力。如图2-48所示。此时，我们可以使用Photoshop中的"修补工具" 去除眼袋，让模特变得更有精神一些，并凸显气质。

图2-48

02 **去除眼袋**。选择工具箱中的"修补工具" ，并在选项栏中对参数进行适当设置与调整，如图2-49所示。使用鼠标在人物眼袋位置框选并创建选区，然后将选区拖动至眼袋附近皮肤状态比较好的位置，并多次重复该操作，直到将眼袋彻底消除掉，如图2-50所示。

图2-49

图2-50

🐭▲**小提示**

"修补工具" 中"源"和"目标"的区别如下。

假设你使用"修补工具" 选出的那部分为A，把选取的信息拖动到的最终区域为B。当设置为"源"时，则B的部分覆盖到A上；当设置为"目标"时，则A的部分覆盖到B上。

2.4.5 巧用"滤镜"，让人物皮肤变得光滑

在电商人像修图中我们会发现，手动修图不仅效率比较低，还费时费力。

下面，笔者给大家介绍一款专门针对人像修图的智能滤镜插件——Portraiture。Portraiture是一款比较强大且针对Photoshop使用的人像润色磨皮滤镜插件，使用它来处理人像，可以减少人工选择图像区域时重复操作的麻烦，它能快速、有效地对图片中人物的皮肤材质、头发、眉毛及睫毛等部位进行平滑化和减少疵点等处理。

✎... **具体操作方法**

01 **打开并分析素材**。打开素材图，观察图片，发现模特的皮肤比较粗糙，而且脸上有痘痘，大大影响了图像的美观度，如图2-51所示。

图2-51

02 **修饰皮肤**。确保计算机上已安装有Portraiture这款插件，执行"滤镜> Portraiture"命令，在打开的Portraiture对话框中无须做任何设置与调整，直接确认操作即可，这时候系统会自动根据图片实际情况进行智能化的修复，如图2-52所示。如果感觉执行一次后效果还不是太好，可以重复执行此命令，直至达到理想的状态为止，如图2-53所示。

图2-52

图2-53

2.4.6 巧用"蒙版"与"曲线",让人物皮肤变白

用蒙版结合曲线处理人像的方法在电商设计中很实用,其流程一般是先用快速蒙版调出需要修改的范围,用曲线对其进行调整。"曲线"是一个很常用且很重要的修图功能,常常被用于调节亮度甚至是调整颜色。蒙版在Photoshop中的应用相当广泛,蒙版最大的特点就是可以反复修改,却不会影响到本身图层的任何构造。如果对用蒙版调整的图像不满意,可以取消掉蒙版效果。

这里,我们就结合这两个功能来讲解一下如何快速让人物变白。

具体操作方法

01 打开并分析素材。 打开素材图,通过观察发现图像中人物的局部皮肤不够白,如图2-54所示。这时,我们可以利用"蒙版"功能结合"曲线"功能对其进行调整。

02 涂抹并创建选区。 按键盘上的Q键,进入"快速蒙版"编辑模式,单击工具箱中的"画笔工具",然后在"画笔预设"选取器中设置"硬度"为"0",然后在人物肤色不够理想的地方进行适当涂抹。涂抹完成后,再次按键盘上的Q键,退出"快速蒙版"编辑模式。这时可以发现刚刚画笔涂抹过的地方变成了选区,如图2-55所示。

图2-54　　　　　　图2-55

03 提亮选区。 执行"图像>调整>曲线"命令,在打开的"曲线"对话框中将调整线适当向上拖动,如图2-56所示。此时选区部分就已经变白了,完成操作之后单击"确定"按钮。效果如图2-57所示。

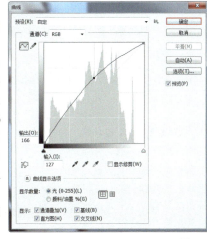

图2-56

图2-57

2.4.7 巧用"液化",对人物进行瘦身

对淘宝人像图片处理而言,只注重脸部的完美修饰是远远不够的。在设计过程中,如果产品模特只是拥有一张完美精致的脸,但身材不够匀称,这种情况下如果不对模特的身材做适当修整,也会让设计图的观感大打折扣。

在这里,笔者将通过一张女性内衣产品图给大家讲一讲如何使用"液化"功能对产品图中的模特进行瘦身变形处理。这个操作比较快捷简单,同时制作的效果也很自然。

具体操作方法

01 打开并分析素材。 打开素材图,观察图片,发现图片中的模特偏胖,需使用"液化"命令进行瘦身处理,如图2-59所示。

02 调整身形。 执行"滤镜>液化"命令,在打开的对话框中单击"向前变形工具",将画笔笔触设置为合适大小(如果是新手,建议将画笔压力设置为35~40),然后将鼠标光标移动到需要调整的地方,并进行调整,如图2-60所示。操作完成后效果如图2-61所示。

图2-59　　　　　图2-60　　　　　图2-61

小提示

在人像处理中，如果遇到模特胸部过大的情况，可以使用"褶皱工具" 在模特的胸部位置单击，使其自然缩小（缩小时需要注意根据人体整体比例进行操作才可以，不然做出来的效果会很难看）；相反地，如果遇到图像中的模特胸部比较小的情况，可以使用"膨胀工具" 在模特的胸部位置单击，使其自然放大。

疑难问答

问： 在人像修图中应如何控制人像身体比例？

答： 一般来说，女性的身高与各部位的比例为多少才合乎审美的标准呢？在这里，笔者给大家做一个简单的解析和说明，让大家在修人像图的时候，能有一些比较清楚的意识和概念。

上、下身比例： 以肚脐为界，上下身比例应为5:8，这样比较接近"0.618:1"的黄金分割比例。

美胸标准： 对于胸而言，胸围达到了某个标准数据也并不就是美胸，真正的美胸应该是饱满坚挺的，且胸部的高度不应该低于腋窝至臂弯的1/2处。

美腰标准： 同样，腰围达到某个标准数据也不是就等于是美腰，美的腰还应长短适中，不能过长(长腰)或过短(短腰)，长短适中的腰，应该和你站立着两手自然下垂时的手肘弯曲处在同一条水平线上。

美臀标准： 美臀应该是臀部最凸出的地方刚好位于身体的中心位置，其大小应与上半身的比例协调，看起来轻盈，且微微上翘，同时侧面的臀部曲线应呈浑圆状态。臀部是身材的隐形平衡支点，亦称之为黄金分割点。如果人物臀部丰满、结实，就自然会彰显出腰部的纤细，与此同时，也会为人物的腿部增加明显的修长效果。可以说，臀部的圆翘，自然会突出身材曲线的窈窕感。

美腹： 腹部的美也十分重要，特别是侧身摆姿时，腹部也应是平平坦坦的，且即便是后仰摆姿，也不应有凸出的现象存在。

美臂： 美丽的手臂在整张图片中也能起到很重要的作用，美臂应该是肩头手臂圆润，皮肤光滑细腻，且拥有健康的光泽。

美腿： 修长的美腿必须是大腿中围小于臀围的1/2，同时具有浑圆的外形，并且小腿肚也是不能太粗的。腿的完美修长在整体美感中占有很大的比重，一张全身的照片中，腿是总体造型的支撑点，没有完美的腿就很难形成婀娜多姿的整体曲线，同时也就意味着整个照片失去了美感。

美颈： 在电商人像修图中，颈部一般是很容易被设计师或修图师忽略的地方。然而颈部是离脸部最近的部位，在视觉中其实是会起到很重要的美化作用的，颈部的不完美会直接降低脸部的美感。美颈的标准应该是：第一，颈部形体浑圆、饱满，没有褶皱和颈肌显现；第二，颈部与锁骨之间不应出现太大的塌陷，否则会失去圆润感；第三，颈部的粗细也非常重要，从正面看颈部的边缘不能够超过眼睛的外眼角。

骨骼美： 在于匀称、适度。

肌肉美： 在于谐调，过胖、过瘦以及由于光影错误、姿势错误等原因造成的身体某部分肌肉过于瘦弱、过于发达或明暗不均匀，都不能称为肌肉美。

注： 在液化的过程中，不同的部位应用的工具和数值设置都有不同的要求，因此在具体的修图过程当中，选择适当的参数设置进行修图才能事半功倍。

2.4.8 如何进行图片的合成处理

Photoshop具有化腐朽为神奇的"魔力"，能够对一些普普通通的照片进行合成，创造出奇幻、大气的图像效果，不仅可以极大地满足设计师的创造欲望，展现他们天马行空的丰富想象力，还可以让设计效果更加惊艳。在这里，笔者就利用Photoshop给大家讲解如何进行图片的合成处理。

✎ 具体操作方法

01 打开并分析素材。 在Photoshop中打开草莓素材图，发现图片是含有背景色的，需要先去掉，再进行合成处理，如图2-62所示。单击"魔棒工具" ，单击选中图片中的白色背景部分，按住Alt键，然后单击图层面板下方的"添加图层蒙版"图标 ，给图层添加一个蒙版，如图2-63所示。

图2-62

图2-63

02 置入素材。 打开冰块素材，将草莓素材拖曳到冰块图片中，按快捷键Ctrl+T执行"自由变换"命令，调整草莓到合适大小，如图2-64所示。

图2-64

03 修改草莓图层。 选中"草莓"图层，修改图层的"混合模式"修改为"滤色"，如图2-65所示。最终效果如图2-66所示。

图2-65

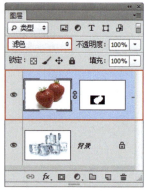
图2-66

04 调整草莓图像。 这时候，我们会看到画布中的草莓几乎看不清了。为了能更好地表现草莓在冰块中的感觉，这里我们按快捷键Ctrl+J将草莓图层复制一层出来，然后将新图层"混合模式"修改为"正常"，如图2-67所示。

图2-67

05 单击选择新复制的草莓图层的蒙版，按快捷键D，设置前景色为黑色，然后用"画笔工具" ✐（快捷键为B）把图片中不需要的部分涂抹掉，如图2-68所示。

06 添加其他元素。按照之前将草莓合成到冰块图片中的方法，将西瓜和橙子元素也合成到冰块当中，合成处理完成，效果如图2-69所示。

图2-68　　　　　　　　图2-69

2.4.9 如何添加和去除水印

　　添加水印和去除水印的操作在电商设计中会经常遇到，也是令许多新手比较头疼的问题之一。

1. 水印的添加方法

　　水印的添加方法相对简单，并且主要运用图层样式来完成。下面笔者以一张女装产品图为例讲解水印的添加方法。

✐… **具体操作方法**

01 **打开素材并选择工具**。打开女装素材图，单击"横排文字工具" ▯，在选项栏中设置"字体"为"思源黑体"，"字体大小"为"36点"，"颜色"为白色，如图2-70所示。

图2-70

02 **添加文字**。在图片上单击一下鼠标，在输入框中输入"女装服饰"字样。单击"图层"面板下方的"添加图层样式"按钮 fx，在上拉菜单中选择"描边"命令，并在弹出的对话框中设置"大小"为"13像素"，"颜色"为灰色（R:139，G:139，B:139），效果如图2-71所示。

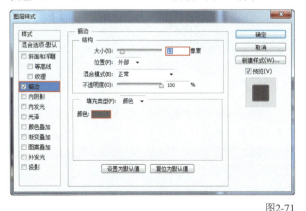

图2-71

03 **调整文字**。按快捷键Ctrl+T执行"自由变换"命令，然后适当调整文字的大小和角度，并按Enter键确认变换操作，如图2-72所示。

04 设置"文字"图层的"填充"为"0"，使水印呈现出透明的效果，完成操作，如图2-73所示。

图2-72　　　　　　　　图2-73

2. 水印的去除方法

　　水印的去除通常也比较简单，通常运用修复工具来完成。下面笔者以一张男装产品图为例讲解水印的去除方法。

✐… **具体操作方法**

01 **打开并分析素材**。打开男装素材图，可以看到模特的衣服上有一个"潮流服饰"的水印，如图2-74所示。

图2-74

02 **去除水印**。单击"污点修复画笔工具" ✐，然后在水印的位置单击，并多次重复操作，直到将衣服上的水印彻底去除掉，如图2-75和图2-76所示。

图2-75　　　　　　　　图2-76

2.5 电商产品图精修综合实战

在淘宝产品图片的处理当中，我们会遇到各种类型、各种材质及各种形态的产品的图片。一张高品质的产品图可以大大提升买家的购买欲望。因此，熟练掌握一些常见产品的图片的修饰方法是很有必要的，如图2-77所示。

图2-77

实战: 不锈钢水壶图片精修案例详解	
视频名称	不锈钢水壶图片精修案例详解 .mp4
实例位置	实例文件 >CH02>01
技术掌握	钢笔 / 矩形 / 矩形选框 / 渐变 / 加深 / 减淡工具、"剪贴蒙版"功能

这款水壶产品的分析情况如下。

材质分析：由高反光金属材质制成，壶身如同一面镜子，受环境影响较大。

形体特征：壶嘴呈一个折起来的尖尖的形状，壶身类似圆柱形，并且从上往下直径越来越大。

光影特点：明暗反差大，反射光影会随着产品本身形体改变而改变。从产品的形体特征来看，光会从上往下由弱变强。

结构拆分：壶身、壶嘴、壶底、壶盖和壶把。

问题分析：产品图背景杂乱，需要抠图；由于壶身反光较强，受环境影响较大，因此光影较杂乱，需要优化处理；产品整体光影细节不够，需要强化。

水壶图片处理前后的效果对比如图2-78所示。

图2-78

1. 抠取商品

01 勾画路径并选取水壶。在工具箱中选择"钢笔工具"，然后沿着水壶的边缘勾画一圈，边勾画边调整路径，让勾画的路径和产品边缘完全贴合，如图2-79所示。

02 抠取水壶。勾画完毕之后，按快捷键Ctrl+Enter将路径载入选区，然后按快捷键Ctrl+J将选区里面的内容复制一份，并隐藏"背景"图层，得到一个透明背景的水壶，如图2-80所示。

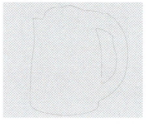

图2-79

图2-80

2. 拆分结构

01 创建新路径。使用"钢笔工具"围绕壶身部分创建一个路径，如图2-81所示。

02 抠取壶嘴。将路径创建好之后，按快捷键Ctrl+Enter将路径载入选区，如图2-82所示。按快捷键Ctrl+J将选区里面的内容复制一份，之后按照同样的方法将壶嘴也抠取出来，如图2-83所示。

图2-81

图2-82

图2-83

3. 壶身处理

01 绘制中间部分的光影效果。隐藏"背景"图层，在工具箱中选择"渐变工具"，单击"点按可编辑渐变"按钮，然后在弹出的"渐变编辑器"对话框中给壶身添加一个浅灰色（R:95, G:95, B:95）—白色（R:230, G:230, B:230）—深灰色（R:90, G:90, B:90）—白色（R:230, G:230, B:230）—浅灰色（R:95, G:95, B:95）的渐变效果，如图2-84所示。

图2-84

02 将渐变方式设置为"线性渐变"▣，然后在"壶身"图层上方新建一个空白图层。选择"矩形选框工具"▣，在壶身上方框选出一个选区，在选区内拉出渐变色，如图2-85所示。在壶身图层上单击鼠标右键，在弹出的菜单中选择"创建剪贴蒙版"命令，将拉出的渐变色填入壶身范围，如图2-86所示，最后在菜单栏中执行"编辑>变换>变形"命令，如图2-87所示。对刚刚填充好的渐变色进行适当的变形处理和调整，如图2-88所示。

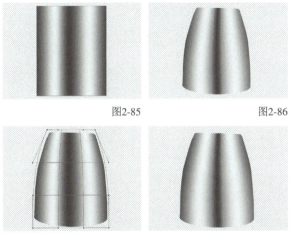

图2-85　　　　　图2-86

图2-87　　　　　图2-88

03 **创建矩形。** 在工具箱中选择"矩形工具"▣，在选项栏中设置"填充"为"黑色"，并在壶身的中间部分上绘制一个黑色矩形，如图2-89所示。

图2-89

04 **处理矩形。** 选中上一步绘制好的矩形所在的图层，执行"滤镜>模糊>高斯模糊"命令，如图2-90所示，让矩形边缘变得更加柔和一些，如图2-78所示。完成后将矩形效果复制一份，然后按快捷键Ctrl+T执行"自由变换"命令，将复制的矩形缩小一些，并适当降低图层的"不透明度"，如图2-91所示。

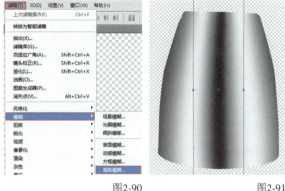

图2-90　　　　　图2-91

05 **绘制两边转折处的光影效果。** 选择"矩形选框工具"▣，在壶身的左侧绘制一个选区，然后新建一个图层，按D键恢复前景色、背景色为默认的黑、白，选择"渐变工具"▣，单击"点按可编辑渐变"按钮，接着在打开的"渐变编辑器"对话框中设置一个由黑到透明的渐变色效果，如图2-92所示。之后对选区进行填充，效果如图2-93所示。

图2-92

图2-93

图2-98　　　　　图2-99

06 给绘制好的转折光影图层创建一个剪贴蒙版，然后执行"滤镜>模糊>高斯模糊"命令，让其边缘变得更加柔和，如图2-94所示。接着按快捷键Ctrl+T执行"自由变换"命令，并单击鼠标右键，在弹出的快捷菜单中选择"变形"命令，如图2-95所示。依照壶身的边缘对其进行适当的变形调整，使其与壶身完美贴合，如图2-96所示。制作完成后，将光影复制一份，并执行"编辑>变换>水平翻转"命令，如图2-97所示，将复制的光影水平翻转后，移动到壶身的右侧，作为壶身右侧的光影，如图2-98所示，图层如图2-99所示。

07 绘制边缘的反光效果。选择"钢笔工具" ，然后新建一个图层，在壶身的左侧根据壶身的弧度绘制一个路径，载入选区后填充为白色，如图2-100所示。执行"滤镜>模糊>高斯模糊"命令，在弹出的"高斯模糊"对话框中设置"半径"为"17像素"，如图2-101所示。在白色图层上单击鼠标右键，在弹出的菜单中选择"创建剪贴蒙版"命令，并适当降低其透明度，将路径自然融合到壶身里面去，如图2-102所示。

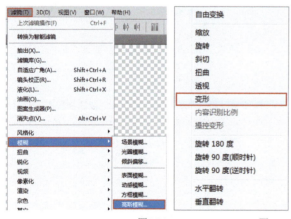

图2-94　　　　　图2-95

图2-100

图2-96　　　　　图2-97

图2-101　　　　　图2-102

4. 壶嘴处理

01 填充壶嘴转折处的渐变。在工具箱中选择"渐变工具" ，单击"点按可编辑渐变"按钮 ，然后在弹出的"渐变编辑器"对话框中设置一个由灰到白的渐变色,如图2-103所示。新建一个图层,并按住Ctrl键不松手,单击"壶嘴"图层缩览图,调出壶嘴选区,并填充设置好的渐变色,如图2-104所示。

图2-103

图2-104

02 **添加转折处的光影效果。** 将上一步完成了之后,观察壶嘴,发现壶嘴缺少立体感。在工具箱中选择"钢笔工具" ,在壶嘴的右侧绘制一条路径,如图2-105所示。设置前景色为黑色,然后选择"画笔工具",在路径的边缘适当涂抹一下,给绘制的路径添加上一些黑色的光影效果,如图2-106所示。

图2-105   图2-106

03 **增强壶嘴立体感。** 将上一步绘制的黑色光影复制一份,执行"图像>调整>反相"命令,将黑色光影转变为白色光影,如图2-107所示。然后使用"移动工具" 将光影移动到壶嘴转折线的合适位置,此时壶嘴的立体感变强了,如图2-108所示。

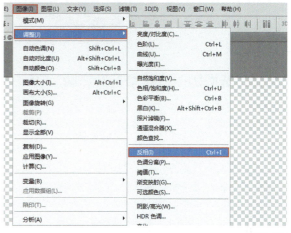

图2-107

图2-108

5. 细节完善

01 **添加暗边。** 显示"背景"图层并选择"钢笔工具" ,设置"填充"为"无","描边"为"黑色"(R:0,G:0,B:0),"描边宽度"为"3点",沿壶底新建黑色路径作为暗边,并在暗边两侧绘制高光,如图2-109~图2-111所示。

图2-109

图2-110   图2-111

02 增大光比。使用"减淡工具" 对壶底部分进行提亮，然后使用"加深工具" 对图像的黑色塑料部分进行加深即可，最终得到的产品效果如图2-112所示。

图2-112

实战：洗面奶图片精修案例详解

视频名称	洗面奶图片精修案例详解.mp4
实例位置	素材文件>CH02>02
技术掌握	钢笔工具、矩形工具、"高斯模糊"命令

这款洗面奶产品的分析情况如下。

材质分析： 属于塑料材质。

形体特征： 类似于圆柱体。

光影特点： 光源模糊，明暗过渡均匀，反射光较弱。

结构拆分： 瓶盖、瓶身和瓶尾。

问题分析： 整体光源不强，左侧边缘曝光过度，品质感全无。

洗面奶图片处理前后的效果对比如图2-113所示。

图2-113

1. 抠出商品

使用"钢笔工具" 沿着产品外缘勾画一圈，然后按快捷键Ctrl+Enter建立选区，并按快捷键Ctrl+Shift+I反选，最后按Delete键删除所选部分，即可得到一个透明背景的产品图，如图2-114所示。

图2-114

2. 精修尾部

01 抠取尾部。使用"钢笔工具" 将洗面奶尾部抠出并按快捷键Ctrl+Enter创建选区，如图2-115所示。按快捷键Ctrl+J将选区复制一份并锁定透明像素，如图2-116所示。

图2-115　　　　　　　图2-116

02 添加压印。用"矩形工具"分别绘制出一深一浅的矩形条，然后进行反复复制与合并，并放置在产品尾部上，同时进行添加蒙版处理，如图2-117所示。

图2-117

3. 精修瓶身

01 抠取瓶身。选择"钢笔工具" ，将瓶身抠出并填充为灰色（R:195，G:195，B:195），如图2-118所示。

02 添加光影。用"钢笔工具" 绘制一个形状并填充为白色，执行"滤镜>模糊>高斯模糊"命令，对高光进行适当的模糊处理，使其自然，作为左侧部分的高光，如图2-119所示。之后使用同样的方法在右侧添加一个高光效果，如图2-120所示。继续使用"钢笔工具" 在瓶身的两侧各添加一个灰色（R:195，G:195，B:195）块，作为阴影，如图2-121所示。用深灰在与瓶盖接触处添加过渡阴影，在瓶身顶部添加高光，并进行适当模糊处理，如图2-122所示。放入LOGO字样，完成后的产品效果如图2-123所示。

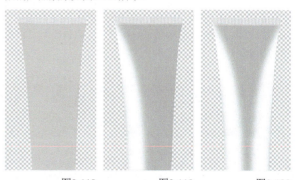

图2-118　　　　　图2-119　　　　　图2-120

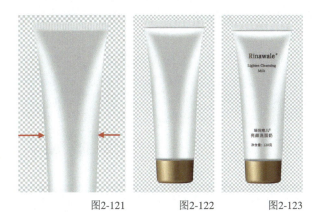

图2-121 图2-122 图2-123

4. 精修瓶盖

01 抠取瓶盖。用"钢笔工具" ✐ 将瓶盖抠取出来并填充为深黄色（R:129，G:80，B:26），如图2-124所示。

02 添加光影。用"钢笔工具"绘制左侧高光，设置高光颜色为亮黄色（R:246，G:215，B:161），执行"滤镜>模糊>高斯模糊"命令，对高光进行适当模糊处理，如图2-125所示。之后按照同样的方法在右侧添加阴影，阴影颜色为暗黄色（R:136，G:103，B:60），同样执行"滤镜>模糊>高斯模糊"命令，对阴影进行适当模糊处理，完成操作，如图2-126所示。

图2-124 图2-125 图2-126

实战：人像精修案例详解

视频名称	人像精修案例详解.mp4
实例位置	素材文件>CH02>03
技术掌握	"曲线"命令、套索工具、"渐变映射"命令

这张人像图片的分析情况如下。

基本分析： 此图人物碎发稍多，且脸部光影不够均匀，皮肤细节有瑕疵，不够光滑。

光影分析： 人物皮肤整体偏灰暗，导致面部层次感减弱。

人像处理前后的效果对比如图2-127所示。

图2-127

1. 基础皮肤修瑕

01 整体调整皮肤。打开人物照片素材并按快捷键Ctrl+J复制一份，单击"图层"面板下方的"创建新的填充或调整图层"按钮 ⬤. ，在上拉菜单中选择"渐变映射"命令，如图2-128所示。之后按照同样的方法添加一个"曲线压暗"图层和一个"曲线提亮"图层，对画面整体进行压暗和提亮调整，如图2-129和图2-130所示。按快捷键Ctrl+G对"渐变映射"图层、"曲线压暗"图层及"曲线提亮"图层进行编组，并修改图层组名称为"观察组"，如图2-131所示。

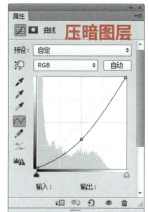

图2-128 图2-129

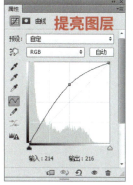

图2-130 图2-131

02 去除痘印。选择"图层1"图层，这时我们可以发现图片上出现了很多清晰的痘印，如图2-132所示，我们使用"修补工具" 对其进行消除，切记不可以大面积地涂抹来消除，否则会出现模糊的情况，如图2-133所示。

图2-132　　　　　　　图2-133

2. 修饰头发

仔细观察图片，可以发现头发部分右侧比较稀，使用"套索工具" 选中右侧头发，如图2-134所示。之后将选中的头发复制一份，单击"图层"面板下方的"添加图层蒙版"按钮 ，如图2-135所示。选择"画笔工具"，设置前景色为黑色，使用蒙版进行融合。之后使用同样的方法调整左侧和毛衣上的头发，如图2-136所示。

图2-134　　　　图2-135　　　　图2-136

3. 高质感磨皮

01 磨皮处理。执行"编辑>填充"命令，在弹出的对话框中的"内容"选项组中设置"使用"为"50灰色"，如图2-137所示。单击"创建新的填充或调整图层"按钮 ，在上拉菜单中选择"曲线"命令，如图2-138所示。新建两个曲线图层，一个调整图片中的黑色部分，一个调整图片中的白色部分，如图2-139所示。这样做的目的是把瑕疵都暴露出来，方便修图，修图完成后，合并图层，修图效果如图2-140所示。最终的图片效果如图2-141所示。

图2-137　　　　　　　图2-138

图2-139　　　　　　　图2-140

图2-141

02 完善画面。再次单击"图层"面板下方的"创建新的填充或调整图层"按钮 ，选择"曲线"命令，在弹出的"属性"面板中将图片整体提亮，如图2-142所示。选择"色彩平衡"命令，在弹出的"属性"面板中设置"青色"为"-6"，"黄色"为"15"，如图2-143所示。处理好的最终效果如图2-144所示。

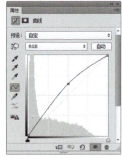

图2-142

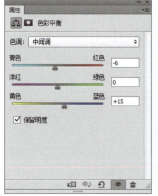 

图2-143　　　　　　　图2-144

第3章

常用电商字体
的 制 作 方 法

做设计往往离不开字体，在字体版权日益规范化的当下，字体设计成为电商设计中尤为重要的一环。本章将详细讲述电商字体设计的知识与方法。

3.1 字体的下载与安装

字体是设计的根本，文字是构成版面的基本模块。因此熟练掌握电商字体的制作方法对于美工来说是很重要的。同时，一个好的字体融入设计，能给设计带来更多好的效果。

在具体讲解字体设计的方法之前，笔者先来给大家分享一下字体的下载和安装方法。

下载步骤

01 搜索字体下载网站。 登录百度网，在搜索框中输入"字体下载"，单击打开"找字网"页面，如图3-1所示。

图3-1

02 查找想要的字体。 打开网站后，在"选择栏目"一栏中单击选择"PC字体"，如图3-2所示，此时会出现很多种字体，我们可以搜索自己所需要的字体，这里笔者搜索的是"毛遂体"，如图3-3所示。

图3-2

图3-3

03 下载字体。 搜索出字体后，对字体进行下载，如图3-4所示。

图3-4

04 打开字体存放文件夹。 打开"计算机>本地磁盘（C：）>Windows"，找到"Fonts"文件夹，如图3-5所示。

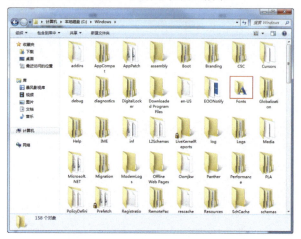

图3-5

05 安装字体。 解压下载的字体文件，然后复制字体，并粘贴到"Fonts"文件夹里，即可完成字体的安装，如图3-6所示。

图3-6

小提示

对于使用Windows 7或以上系统的计算机，可直接在字体上单击右键，然后选择并执行"安装"命令，即可完成安装。

3.2 字体设计的三大炫酷技法

在字体版权规范化的今天，我们该如何避免版权纠纷呢？这时候自己创作与设计字体是一个非常好的选择。下面本书将讲解一些字体设计的常用技法。

3.2.1 矩形造字

矩形造字法是一种很适合新手入门练习的字体设计方法。在设计过程中主要是以矩形为基础（当然不是全部笔画都为矩形，否则字体会显得太过呆板），然后结合其他的辅助工具来制作字体，制作出的字体规整、严谨，同时颇具美感。

✏ **制作步骤**

01 **新建画布。** 启动Illustrator，执行"文件>新建"命令或按快捷键Ctrl+N新建一个画布，如图3-7所示。

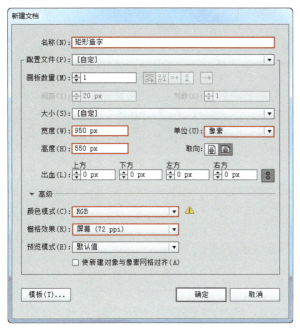

图3-7

02 **添加文字。** 单击"文字工具" T ，在画布中单击并输入"天下无双"字样，作为设计字体时的参考，避免在设计中少了或多了任何的偏旁部首，如图3-8所示。

图3-8

03 **制作规范框。** 单击"矩形工具" ▣ ，在选项栏中设置"填充"为"无"，"描边"为红色，"描边宽度"为"0.5pt"，如图3-9所示。

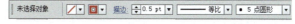

图3-9

04 在按住Shift键的同时，用鼠标拖曳出一个矩形框，然后按住Alt键将矩形向右拖曳复制3个，接着将这4个矩形框全部选中，并按快捷键Ctrl+2进行锁定，以免后续因误操作对它产生任何更改，如图3-10所示。

图3-10

05 **进行造字操作。** 单击"矩形工具" ▣ ，在选项栏中设置"填充"为"黑色"，"描边"为"无"，如图3-11所示。用"矩形工具" ▣ 在画布中绘制一条横线，如图3-12所示。

图3-11

图3-12

06 继续使用"矩形工具" ▣ 绘制出其他笔画，然后使用"直接选择工具" ▷ 对单个笔画进行修改，字体制作完成后的效果如图3-13所示。

图3-13

07 优化字体。将文字全部选中后，按住Alt键复制一份，对造好的字体进行细节优化。在优化过程中，首先选择"双"字右边的"又"字，并对其进行路径组合，如图3-14所示。组合后，选择矩形框，将文字的侧边选中，然后在"路径查找器"面板中选择"顶部减去"命令，将文字右上角变成直角，并用同样的方法修改左边的"又"字，如图3-15所示，最终完成后的效果如图3-16所示。

图3-14

图3-15

图3-16

3.2.2 钢笔造字

钢笔造字法是使用Illustrator中的"钢笔工具"勾画字形和笔画的一种方法，使用钢笔造字法可以高效地完成字体的制作。

✎ **制作步骤**

01 新建画布。启动Illustrator，执行"文件>新建"命令，按快捷键Ctrl+N新建一个画布，然后设置"名称"为"钢笔造字"，"宽度"为"950px"，"高度"为

"550px"，"颜色模式"为"RGB"，"栅格效果"为"屏幕（72ppi）"，如图3-17所示。

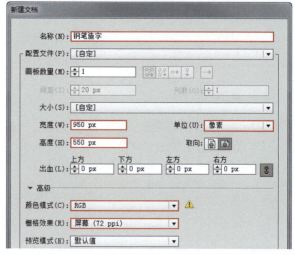

图3-17

02 添加文字。单击"文字工具"，在画布中单击并输入"二泉映月"字样，作为设计字体时的参考，避免在设计中少了或多了任何的偏旁部首，如图3-18所示。

二泉映月

图3-18

03 设置钢笔属性。选择"钢笔工具"，在选项栏中设置"填充"为"无"，"描边"为"黑色"，"描边宽度"为"4pt"，如图3-19所示。

图3-19

04 绘制基本字形。使用"钢笔工具"在画布上绘制一条横线，然后将其复制一份，组成"二"字样，接着使用同样的方法制作出后面的字样，如图3-20所示。

图3-20

05 调整细节。在工具箱中选择"直接选择工具" ⬚，然后单击选择单个路径点，此时在单击的路径点位置会出现一个调整光圈，如图3-21所示。之后拖曳光圈，可以单独调整角的弧度，优化字体细节，调整完成后的效果如图3-22所示。

图3-21　　　　　　　　图3-22

06 添加装饰细节。执行"文件>打开"命令，调入提前做好的装饰元素，作为字体的装饰元素，如图3-23所示。

图3-23

3.2.3 字库改字

　　字库改字法是使用Photoshop中的形状工具结合"钢笔工具" ⬚去造字的一种技法。其操作简单方便，也是设计师常用的字体制作方法之一。

✎ **制作步骤**

01 新建画布。启动Photoshop，按快捷键Ctrl+N新建一个画布，然后设置"名称"为"字库造字"，"宽度"为"950像素"，"高度"为"500像素"，"分辨率"为"72像素/英寸"，如图3-24所示。

图3-24

02 填充底色并添加文字。在工具箱下方设置前景色为蓝色（R:0，G:128，B:253），并按快捷键Alt+Delete填充颜色。使用"横排文字工具" ⬚输入"全民嗨购"字样，然后在"字符"面板中设置字体为"汉仪菱心体简"，并修改字体"颜色"为白色，设置"民"字的"基于基线偏移"为"-43点"，设置"嗨"字的"基于基线偏移"为"43点"，如图3-25所示，制作好的效果如图3-26所示。

图3-25　　　　　　　　图3-26

03 优化字体。在文字上单击鼠标右键，在弹出的快捷菜单中选择"转换为形状"命令，如图3-27所示。

04 修改字体的部分角为直角，并删除部分笔画，然后使用"直接选择工具" ⬚删除"民"字的斜钩，"嗨"字的4个点，"购"字的左边的撇的下半部分、捺、撇折和点，为后面的重塑工作做准备，如图3-28所示。

图3-27　　　　　　　　图3-28

05 添加笔画。选择"钢笔工具" ⬚，然后在选项栏中设置"工具模式"为"形状"，"填充"为"白色"，"描边"为"无"，"描边宽度"为"3点"，如图3-29所示。使用该工具将"民"字、"嗨"字和"购"字缺失的部分笔画补充出来，不合适的地方可以使用"直接选择工具" ⬚对文字进行细节优化，效果如图3-30所示。

图3-29

图3-30

06 选择"矩形工具" ⬚，然后在选项栏中设置"工具模式"为"形状"，"描边"为"无"，"描边宽度"为"3像素"，"填充"为"白色"，如图3-31所示。之后使用该工具补充"嗨"字的两点和"GO"字样，如图3-32所示。

图3-31

图3-32

07 **细节优化。** 选择"直接选择工具" ，对文字部分进行细节优化，最终完成后的字体效果如图3-33所示。

图3-33

3.3 常用电商字体的制作与解析

为了增强店铺页面的趣味性与可读性，在电商设计中我们通常会设计一些特定样式的字体，作为主视觉融入页面。利用充满设计感的字体来进行整体设计，可以打破传统编排的呆板。

下面，我们就来学习一些常用字体的制作方法。

3.3.1 折纸字体

折纸字体在促销活动宣传页上很常见。在电商网页中，折纸字体相对常规字体来说特征较突出，也更能吸引顾客的眼球，同时起到更好的宣传作用。那么如何制作出漂亮的折纸字体呢？下面我们来学习一下。

✏️ **制作步骤**

01 **打开素材。** 启动Photoshop，然后打开"618狂欢"素材文件，如图3-34所示。

图3-34

02 **添加文字。** 单击"横排文字工具" ，在画布中单击并输入数字"6"，然后设置"字体"为"思源黑体Heavy"，"颜色"为白色，如图3-35所示。之后将该数字复制一份，并将字样修改为"18狂欢"，如图3-36所示。

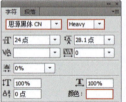

图3-35　　　　　　　　　　　图3-36

03 **给字体添加效果。** 在数字"6"的图层上单击右键，在弹出的快捷菜单中选择"栅格化文字"选项，对字体进行栅格化处理。使用"钢笔工具" 将数字"6"的拐弯处抠出来，如图3-37所示。将抠取的部分复制一份，然后选择"渐变工具" ，为该部分设置一个由黑到白的渐变效果，并设置"渐变方式"为"线性渐变" ，如图3-38所示。在刚刚复制的图像上填充渐变色，在填充前记得单击"锁定透明像素"按钮，锁定透明像素，如图3-39所示和图3-40所示。之后使用同样的方法制作后面的字体效果，如图3-41所示。

图3-37

图3-38

图3-39　　　　　　　　　　　图3-40

图3-41

04 **进一步优化文字。** 将文字全部选中后，按快捷键Ctrl+E合并图层，然后单击"添加图层样式"按钮 ，在打开的"图层样式"面板中选择"投影"选项，给文字添加投影，如图3-42所示，制作好的效果如图3-43所示。

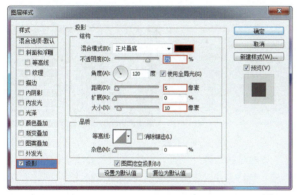

图3-42

图3-43

3.3.2 粉笔字体

在许多电商的宣传海报上，我们都会选择用粉笔字来表达不一样的情怀。下面和大家分享怎么用Photoshop做出粉笔字的效果。

✎ 制作步骤

01 打开素材。 启动Photoshop，然后执行"文件>打开"命令，在软件中打开"粉笔字背景"素材文件，如图3-44所示。

图3-44

02 添加文字。 单击"横排文字工具"，在画布中单击并输入"开学那点事"字样，然后在选项栏中设置字体为"华康少女文字"，字体颜色为从背景黑板中吸取的颜色。之后单击"添加图层样式"按钮 _fx_，在打开的"图层样式"面板中选择"描边"选项，为文字添加描边效果，如图3-45所示，效果如图3-46所示。

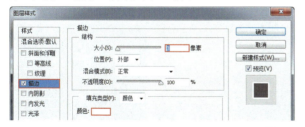

图3-45

图3-46

03 添加字体样式。 新建图层，使用"矩形选框工具"在画布中绘制一个矩形选区，注意选框的大小应和文本框的大小一致，如图3-47所示。填充矩形框为白色，执行"滤镜>杂色>添加杂色"命令，如图3-48所示。在"分布"选项组中选择"高斯分布"选项，勾选"单色"选项，如图3-49所示。添加好的杂色效果如图3-50所示。

图3-47

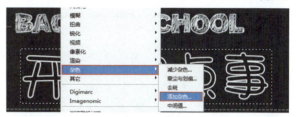

图3-48

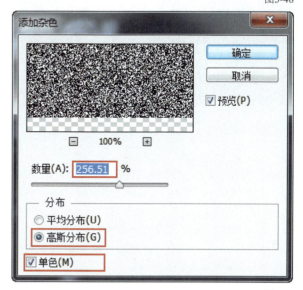

图3-49

图3-50

04 在"添加杂色"图层上单击右键，在弹出的快捷菜单中选择"创建剪贴蒙版"命令，如图3-51所示。将做好的效果融入文字。在菜单栏中执行"滤镜>模糊>动感模糊"命令，然后在弹出的对话框中设置"角度"为"－45度"，"距离"为"10像素"，让其效果变得更加真实一些，如图3-52所示，制作好的最终效果如图3-53所示。

图3-51   图3-52

图3-53

3.3.3 毛笔字体

毛笔字体恣意洒脱，有龙飞凤舞之势，无奈目前文字库中的字体只有其形，却无其势，因此如果直接运用到设计当中的话，只会让作品效果大打折扣。

想要设计出一款非常好看的毛笔字形其实很简单，下面笔者就给大家讲解一下。

✎ 制作步骤

01 **打开素材。** 启动Photoshop，然后执行"文件>打开"命令，打开"毛笔字纹理背景"素材文件，如图3-54所示。

02 **添加文字。** 使用"横排文字工具" ⊤ 分别输入"再"字、"战"字、"双"字和"11"字样，然后打开"字符"面板，设置"字体"为"汉仪雪君体简"，"颜色"为白色，接着按快捷键Ctrl+T执行"自由变换"命令，适

当调整文字的大小和位置，如图3-55所示。

图3-54   图3-55

03 **添加笔触效果。** 执行"文件>打开"命令，打开"毛笔笔触"素材文件，如图3-56所示。提取素材文件中的一些笔触元素，并拖曳到这些文字的开头或结尾处，并使其很好地结合到字体中。按快捷键Ctrl+Shift+Alt+E将做好的文字盖印成一个图层，如图3-57所示。

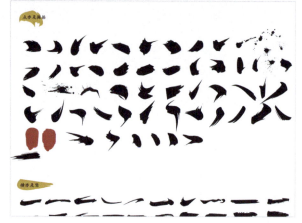

图3-56

图3-57

04 **添加纹理。** 执行"文件>打开"命令，打开"纹理"素材文件，如图3-58所示。在"纹理"图层上单击鼠标右键，在弹出的快捷键菜单中选择"创建剪贴蒙版"命令，将纹理融入文字，如图3-58~图3-60所示。

图3-58   图3-59

图3-60

图3-62

3.4 3D 立体字的制作方法

随着Photoshop版本的升级，Photoshop中的3D功能也在日趋完善。经过多个版本的探索，Photoshop CS6中的3D功能以人性化、实用性强等特点，深受广大用户喜爱。

对于Photoshop 的3D功能，这里我们主要从3D选项栏、3D工具、3D面板和属性面板这4个方面进行说明。

3.4.1 3D 选项栏

启动Photoshop，执行"文件>打开"命令，打开"3D演示文字" 素材文件，然后在菜单栏中单击"3D"命令，会出现一个下拉菜单。可在该菜单中选择命令来建立、编辑和渲染3D对象，如图3-61所示。

图3-61

3.4.2 3D 工具

在选中3D图层后，选择工具箱中的"移动工具" ，在选项栏的最右侧会出现一组3D工具，如图3-62所示。通过这些工具，可对3D对象进行移动、旋转和缩放等操作。

3.4.3 3D 面板

在3D模式下，3D面板是处于显示状态的。如果"3D"面板没有打开，可以执行"窗口>3D"命令打开。"3D"面板相当于3D对象的管理器，主要用于查看和选择不同类型的3D对象。在"3D"面板中有4个按钮，分别是"整个场景"按钮 、"网格"按钮 、"材质"按钮 和"光源"按钮 ，单击相应按钮，即可切换至相对应的选项卡，并进行对应的设置，如图3-63所示。

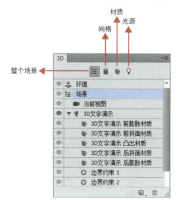

图3-63

3.4.4 属性面板

想要对3D对象进行编辑，需要首先在"3D"面板中选中对应的3D对象，然后在"属性"面板中进行参数的调整和编辑才行。可以说，"属性"面板相当于"3D"面板的参数选项控制栏，因为在"3D"面板中选择相应的对象，在"属性"面板中就会显示相对应的控制选项，如图3-64和图3-65所示。

图3-64

图3-65

实战："双十一大促" 3D 立体字制作案例解析

视频名称	"双十一大促" 3D 立体字制作案例解析 .mp4
实例位置	实例文件 >CH03>04
技术掌握	"3D 凸出" 功能

下面，笔者将教大家使用Photoshop 3D功能快速地制作一个海报中的3D立体字效果，如图3-66所示。

图3-66

✎...制作步骤

01 新建文件。执行"文件>新建"命令，在"新建"对话框中设置"名称"为"3D立体字"，"宽度"为"1920像素"，"高度"为"600像素"，"分辨率"为"72像素/英寸"，如图3-67所示。

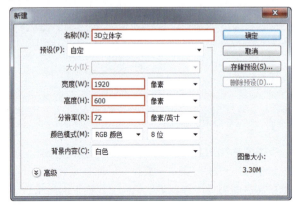

图3-67

02 添加文字。单击"横排文字工具" T ，在画布中单击并输入"双十一大促"字样，然后在选项栏中设置"字体"为"思源黑体"，"颜色"为黄色（R:255，G:209，B:0），如图3-68所示。

图3-68

03 添加3D效果。执行"3D>从所选图层新建3D凸出"命令，给字体添加一个3D效果，如图3-69所示。

图3-69

04 在文字上单击鼠标右键，然后在弹出的对话框中单击选择"3D立体字"图层，并设置"样式"为"锥形收缩"，如图3-70所示。在"3D"面板中给字体添加一个"前膨胀材质"，如图3-71所示。

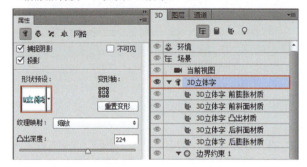

图3-70

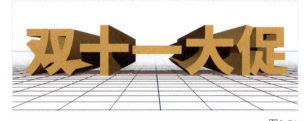

图3-71

🐭 ▲小提示

添加"前膨胀材质"，意味着只修改文字前面的颜色；添加"后膨胀材质"，意味着只修改文字后面的颜色；添加"凸出材质"，意味着修改凸出部分的颜色；添加"前斜面材质"和"后斜面材质"，意味着修改文字表面部分的颜色。

05 在3D图层上单击鼠标右键，然后在弹出的快捷菜单中选择"栅格化3D"命令，方便后续将字体随意调用到其他地方使用，如图3-72所示。这样，"双十一大促"3D立体字就制作好了，如图3-73所示。

图3-72

图3-73

第 **4** 章

电商LOGO
的制作方法

电商LOGO是电商品牌的重要表达符号，也是电商品牌存在的核心象征。一个好的电商LOGO对于品牌的树立和传播非常重要，通过拥有形象特征的LOGO，可以让消费者记住公司主体和品牌文化。同时，电商LOGO还能够让消费者对品牌产生联想，尤其是有关电商产品属性的联想。

4.1 常见类型的电商 LOGO 分析

从表面上来看，电商LOGO大多都是文字和图像的组合，不过不同类型的电商LOGO也会让消费者产生不一样的感觉。下面，笔者给大家介绍一下常见类型的电商LOGO。

4.1.1 字母型

字母型电商LOGO的设计重点在于字体的选择，需要与企业的主题产生关联，而且要确保打印在名片上时也是清晰可见的。另外，建议一些初创企业或是尚未成熟的企业能够在标志下方加上完整的企业名称，以确保通过LOGO能够加深客户对企业的印象。

茵曼品牌的LOGO属于典型的字母型LOGO。茵曼是一家专注于棉麻服饰的网络零售品牌，主张"素雅而简洁，个性而不张扬"的服装设计风格。茵曼LOGO中的字母标通过公司名称获得，有效地提高了公司品牌的识别度，如图4-1所示。

图4-1

4.1.2 文字型

文字型电商LOGO类似于字母标志，是仅专注于一个企业名字且基于字体的设计。当某家公司的名字具有简洁明了的特征时，使用文字呈现的方式制作LOGO的方法是非常可取的。

那么名字较长的电商企业是不是就不适合采用文字型的LOGO了呢？答案是否定的。在美术设计过程中，如果遇到的公司名字较长，建议考虑配合采用公司名字首字母缩写的方式进行设计。毕竟，首字母缩写客户比较容易记住。

同时，如果你面对的是一个拥有独特的商业名称的电商企业，那么在LOGO设计中用一个简单的文字作为标志也是很不错的尝试。

这里笔者以"乐她"这个品牌为例。"乐她"这个名字本身非常引人入胜，令人难忘的是，通过文字

与排版的结合，这个标志拥有很高的识别度。该品牌偏时尚，因此在LOGO字体的选用上也进行了相应的考量，如图4-2所示。

图4-2

4.1.3 吉祥物型

吉祥物类型的标志通常色彩比较丰富且很有趣，这种标志有利于迅速地打造品牌的代言人或发言人。

例如，为人熟知的"三只松鼠"品牌就是将以"松鼠"为原型设计出来的比较呆萌的卡通形象作为品牌的代言人，让品牌在很短的时间内深入人心，如图4-3所示。

图4-3

4.1.4 组合型

组合型电商LOGO是指由英文、图形和文字等组合起来的品牌标志。图片和文字可以并排、堆叠或直接整合在一起，从而创造出一个标志形象。

例如，"骆驼"品牌LOGO是将骆驼图片放在左边，文案放在右边，这是LOGO制作中比较常见的排版方式，同时将品牌的宣传语放到LOGO上，加深人们对品牌的认知，如图4-4所示。

图4-4

4.2 电商 LOGO 的制作要点说明

关于电商LOGO的制作要点，这里笔者总结出以下4点。

4.2.1 具备代表性

一个好的LOGO首先应该具备的就是代表意义，如图4-5所示。该LOGO是对"下面"两个字进行了艺术化处理，并将其整体设计成了一个圆，点明主题，给人一种更亲近的效果，并且更有利于品牌的传播。

图4-5

4.2.2 具备企业特征

一个好的LOGO应该有能够表现企业特性的色彩，例如可口可乐品牌的红色。鲜亮的红色搭配活跃飘逸的字体，给人一种非常醒目的感觉，并且让人第一眼就深深地记住它，如图4-6所示。

图4-6

4.2.3 具备易传播性

LOGO要易于应用，这样才能易于传播。基于此，无论是哪个LOGO，墨稿和反白稿都是必不可少的。即使你的LOGO是带有很强的立体效果或颜色变化的，也要考虑到单色的转换和应用方面，如图4-7所示。

图4-7

4.2.4 具备整体性

一个LOGO最基本的整体性要有保证，在视觉上不能太散，相互之间要有联系，给观者以整齐、统一的感觉，不能轻易被其他元素干扰，如图4-8所示。

图4-8

4.3 电商 LOGO 的制作

电商LOGO的制作和传统的LOGO制作所用的技法是差不多的，只是在具体设计时，针对不同的品牌和受众群体，也需要呈现出不一样的风格和气质。

实战：制作亿摆品牌的 LOGO

视频名称	制作亿摆品牌的 LOGO.mp4
实例位置	实例文件 >CH04>01
技术掌握	钢笔 / 形状 / 文本工具

这里笔者要制作的是一个养生食品电商店铺的LOGO，在设计LOGO时笔者将品牌名称转换成数字100，并加以变形处理，使其符合商业属性，简洁明快且简约而不简单，如图4-9所示。

图4-9

1. 新建文件

启动Photoshop，然后执行"文件>新建"命令，在打开的"新建"对话框中设置"名称"为"LOGO设计"，"宽度"为"950像素"，"高度"为"550像素"，"分辨率"为"72像素/英寸"，如图4-10所示。

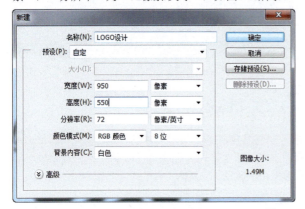

图4-10

2. 处理数字部分

01 选择"矩形工具"，并设置"填充"为深绿色（R:0，G:162，B:154），然后在画面中绘制一个矩形，如图4-11所示。使用"钢笔工具"在矩形上绘制一条路径，如图4-12所示。按快捷键Ctrl+Enter将路径转换为选区。按住Alt键不松开，然后单击"图层"面板中的"添加图层蒙版" 按钮，对数字做变形处理，如图4-13所示。

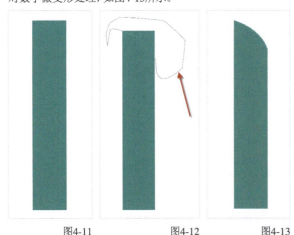

图4-11   图4-12   图4-13

02 选择"椭圆工具"，然后在选项栏中设置"描边"为深绿色（R:0，G:162，B:154），"描边宽度"为"45点"，如图4-14所示。接着按住Shift键并拖动鼠标，在画布中绘制一个圆，如图4-15所示。按快捷键Ctrl+J将圆复制一份，并放置在旁边，如图4-16所示。

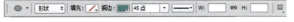

图4-14

图4-15   图4-16

03 选择"矩形选框工具"，然后在圆上建立选区，接着执行"选择>变换选区"命令，将其放置在合适位置，如图4-17所示。按住Alt键不松开，单击"图层"面板中的"添加图层蒙版" 按钮，对数字做变形处理，如图4-18所示。

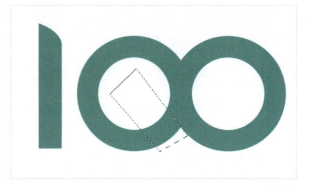

图4-17

图4-18

3. 处理文字部分

使用"横排文字工具"输入"亿摆"字样，然后设置"字体大小"为"209点"，"颜色"为深绿色（R:0，G:162，B:154），如图4-19所示。

图4-19

实战：制作厚德品牌的 LOGO

视频名称	制作厚德品牌的 LOGO.mp4
实例位置	实例文件 >CH04>02
技术掌握	矩形 / 直线 / 文本工具

这里要制作的是一家茶叶电商店铺的LOGO，设计此LOGO时笔者应用了一些字体设计的技法，并使用"直线工具" ✏ 对文字进行了重新的设计，达到了独特的视觉效果，如图4-20所示。

图4-20

1. 新建文件

启动Illustrator，然后执行"文件>新建"命令，在打开的"新建文档"对话框中设置"名称"为"厚德LOGO设计"，"宽度"为"950像素"，"高度"为"550像素"，"颜色模式"为"RGB"，"栅格效果"为"屏幕"（72ppi），如图4-21所示。

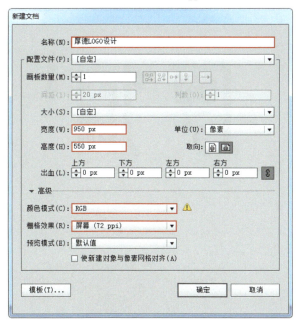

图4-21

2. 输入文字，绘制规范框

输入"厚德"文字，然后放在画板边缘用于观察字形。单击"矩形工具" ▣，在选项栏中设置"填充"为灰色（R:112，G:113，B:112），"描边"为"无"，如图4-22所示。在画面中绘制矩形，如图4-23所示。

图4-22

图4-23

3. 设计文字

01 单击"直线工具" ✏，在选项栏中设置"填充"为"无"，"描边"为"黑色"，"描边宽度"为"10pt"，如图4-24所示。在灰色矩形中绘制一个横笔画，如图4-25所示。

图4-24

图4-25

02 使用"选择工具" ▶ 选择刚刚设计好的笔画，然后在"描边"面板中设置"端点"和"边角"为"圆形"效果，如图4-26和图4-27所示。

图4-26

图4-27

03 用同样的方法设置后面的文字笔画，并删除灰色规范框，得到的效果如图4-28所示。

图4-28

4. 优化文字

01 全选设计好的笔画，然后执行"对象>扩展"命令，在弹出的对话框中勾选"填充"和"描边"选项，如图4-29所示。

02 全选文字，打开"路径查找器"面板，然后单击"联集"按钮，如图4-30所示。

图4-29

图4-30

03 选择"直接选择工具"，选中要修改的笔画，然后拖曳圆形控制点，将笔画变得更圆润，如图4-31所示。之后用同样的方法修改其他的笔画，如图4-32所示。

图4-31

图4-32

04 最后调入LOGO装饰文案，让LOGO效果更完整，如图4-33所示。

图4-33

第 5 章

电商GIF动图
的制作方法

电商GIF动态图指将一组特定的静态图像以指定的频率切换而产生的某种动态效果的图片。通常来讲，一张可以动起来的图片会比静态图更能引人关注。因此在进行电商设计时，我们也习惯用一些动态图作为装饰，以吸引顾客对产品进行关注。在店铺装修中，GIF动态图片的特点是小，易于随时安置调用，经常被作为产品展示或视觉装饰元素来使用，很容易吸引顾客的眼球，引导顾客关注我们的店铺内容。

5.1 电商 GIF 动图的使用类型

在电商设计中，GIF动图的使用通常包括两种类型，一种是在店招中使用，另一种是在页面中作为动态元素呈现，使画面效果更加丰富而不呆板。

5.1.1 导航栏动态图

因为GIF图的特点是内存占用小，制作起来简单、快捷，所以备受广大电商设计师的喜爱。它经常会被用在店铺上，起到为店铺锦上添花的作用。但是在添加这些动态图时，注意不宜添加太多，因为网页中动图太多的话会给人很凌乱的感觉，不知道到底该看哪里，导致顾客流失的情况发生。导航栏上的"Hot"图标就是一种动态图，如图5-1所示。

图5-1

5.1.2 页面动态图

在页面设计中使用动态图会使页面更灵动，不会那么的呆板，而且会把一些变化的图展示在一个位置上，大大地节约了图片的占位，如图5-2~图5-4所示。

图5-2

图5-3

图5-4

5.2 电商 GIF 动图的制作

电商GIF动图的制作其实没有那么难，主要会使用到的工具就是Photoshop中的"动画帧"功能，下面笔者给大家详细讲解一下。

实战：制作 360° 宝贝展示动图

视频名称	制作 360° 宝贝展示动图 .mp4
实例位置	实例文件 >CH05>01
技术掌握	"动画帧"功能

在前面，我们知道了GIF动图在电商设计中的使用优势和使用范围。那么在本节，我们来学习如何制作一个360°宝贝展示动图，效果如图5-5所示。

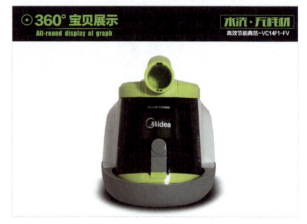

图5-5

制作步骤

01 打开素材文件。执行"文件>打开"命令，在弹出的对话框中选择并打开"360度宝贝展示"素材文件，如图5-6所示。

图5-6

02 **"时间轴"面板设置**。执行"窗口>时间轴"命令,打开"时间轴"面板,如图5-7所示。因为本款产品一共有8个图需要旋转展示,所以在该面板中我们应该设置8个动画帧。单击面板下方的"复制所选帧"按钮 📄 ,复制出7帧,如图5-8所示。

图5-7

图5-8

03 **设置时间**。在按住Shift键的同时,用鼠标单击最后一帧,以将所有帧全选。之后单击任意帧右下角的倒三角图标,设置"时间"为"0.5秒","循环"为"永远",如图5-9所示。

图5-9

04 **制作动画**。单击第1帧,单击组1前面的按钮,使其显示为 👁 ,显示该图层组,同时隐藏其他组。单击第2帧,单击组2前面的按钮,使其显示为 👁 ,同时隐藏其他组。之后继续执行相同操作,完成动图的制作,如图5-10~图5-12所示。

图5-11

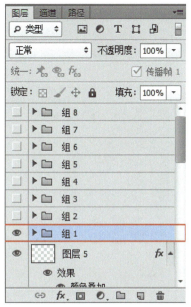

图5-10

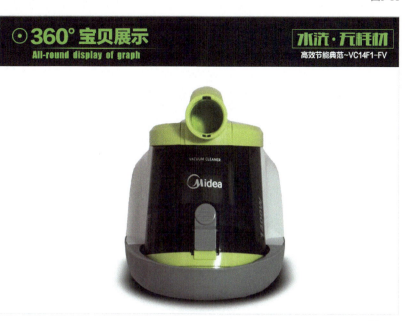

图5-12

05 输出保存。执行"文件>存储为Web所用格式"命令，在弹出的对话框中设置"存储格式"为"GIF"，之后将图片输出并保存，如图5-13所示。

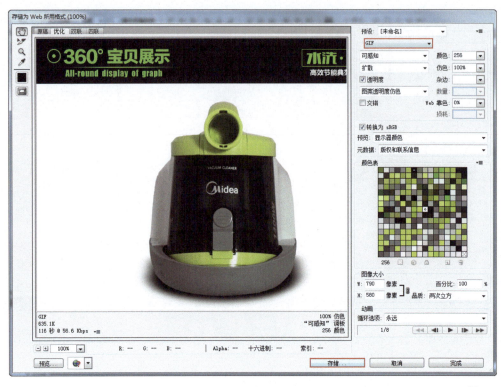

图5-13

实战：制作下雪动态图

视频名称	制作下雪动态图.mp4
实例位置	实例文件 >CH05>02
技术掌握	"动画帧"功能

在前面，我们知道了GIF动图在电商设计中的使用优势和使用范围。那么在本节，我们一起来学习如何制作下雪海报的动图。制作好的下雪动态图效果如图5-14所示。

图5-14

✎ **制作步骤**

01 打开素材。在Photoshop中打开"年货海报"素材文件，如图5-15所示。

图5-15

02 制作雪花。新建一个空白图层，执行"滤镜>杂色>添加杂色"命令，在弹出的对话框中设置"数量"为"176%"，并点选"高斯分布"选项，勾选"单色"选项，如图5-16所示。之后修改图层的"混合模式"为"滤色"，效果如图5-17所示。

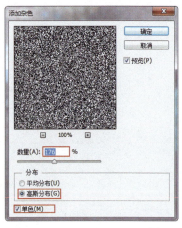

图5-16

图5-17

03 经过上一步操作之后，发现雪花效果太过了一些，需要调整。单击图层下方的"创建新的填充或调整图层"按钮 ，选择"色阶"命令，在弹出的"属性"面板中设置"阴影"为"188"，"中间调"数值为"1.00"，"高光"为"255"，单击"针对下方图层"按钮，如图5-18所示。最终效果如图5-19所示。

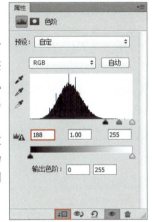

图5-18

图5-19

04 制作雪花动画。执行"窗口>时间轴"命令，在弹出的"时间轴"面板中单击"复制所选帧"按钮，将帧复制一份，如图5-20所示。

图5-20

05 选择第1帧，通过上、下键移动"雪花"图层的位置。按住Shift键全选两个帧，单击面板下方的"过渡动画帧"按钮，如图5-21所示，在弹出的对话框中设置"要添加的帧数"为"5"，如图5-22所示。

图5-21

图5-22

06 **输出保存**。执行"文件>存储为Web所用格式"命令，在弹出的对话框中设置文件的"存储格式"为"GIF"，"循环选项"为"永远"，最后单击"存储"按钮，完成存储，如图5-23所示。最终效果如图5-24所示。

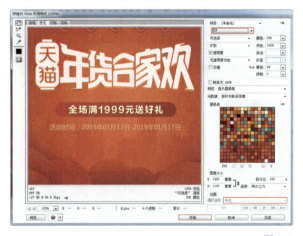

图5-23

图5-24

实战：制作圆球动态图

视频名称	制作圆球动态图.mp4
实例位置	实例文件 >CH05>03
技术掌握	"动画帧"功能

制作好的电商GIF动图如图5-25所示。

图5-25

✎ **制作步骤**

01 **打开素材。** 在Photoshop中打开"99大促海报"素材文件，如图5-26所示。

图5-26

02 **制作圆球动画。** 执行"窗口>时间轴"命令，在弹出的"时间轴"面板中单击"复制所选帧"按钮，将帧复制一份，如图5-27所示。

图5-27

03 选择复制的帧，然后通过上键将"黄色球"图层向上移动20个像素，接着按住Shift键将原始帧和复制的帧同时选中，并单击面板下方的"过渡动画帧"按钮，在弹出的对话框中设置"要添加的帧数"为10，如图5-28和图5-29所示。

图5-28

图5-29

04 选择第12帧，单击"复制所选帧"按钮，将帧复制一份。使用同样的方法将"黄色球"图层向下移动20个像素，然后按住Shift键选中第12帧和第13帧，并单击面板下方的"过渡动画帧"按钮，在弹出的对话框中设置"要添加的帧数"为10，制作出黄色球上下跳动的效果，如图5-30和图5-31所示。

图5-30

图5-31

05 **输出保存。** 执行"文件>存储为Web所用格式"命令，在弹出的对话框中设置文件的"存储格式"为"GIF"，"循环选项"为"永远"，最后单击"存储"按钮，完成存储，如图5-32所示。最终效果如图5-33所示。

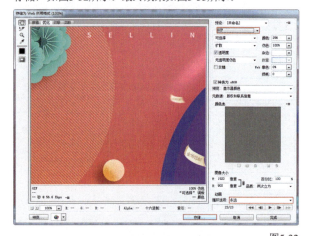

图5-32

图5-33

第 **6** 章

电商醒目标识的制作方法

　　标识是人们在长期的生活和实践中逐步形成的一种不以语言传达而以视觉图形及文字传达信息的象征性符号，帮助公众区别、辨认某个事物，并起到示意、指示、警告甚至命令的作用。标识具有比语言更强的视觉冲击力，拥有更大的信息量，并能迅速、准确及强烈地传达信息。在电商设计中，醒目标识可以起到吸引顾客并引起关注的作用。

6.1 电商醒目标识的类型

标识包含文字标识、图形标识及图文组合标识3种类型。

文字标识：有的由中文或外文单词构成，有的由汉语拼音或外文单词的首字母组成，如图6-1所示。

图6-1

图形标识：通过几何图案或象形图案来表示的标识。图形标识又可分为3种，即具象图形标识、抽象图形标识和具象图形与抽象图形相结合的标识，如图6-2所示。

图6-2

图文组合标识：集中了文字标识和图形标识的长处，弥补了两者的不足，如图6-3所示。

图6-3

6.2 电商醒目标识的制作

常见的电商醒目标识有对话框标识、边角标识、箭头标识和爆炸多边形标识。

实战：制作对话框标识

视频名称	制作对话框标识.mp4
实例位置	实例文件 >CH06>01
技术掌握	自定形状 / 文本工具

对话框标识是较常用的一种标识，它经常被放置在产品上用于解释说明，如图6-4所示。

图6-4

✎ **制作步骤**

01 新建空白文档。执行"文件>新建"命令，在打开的"新建"对话框中设置"名称"为"对话框标识"，"宽度"为"500像素"，"高度"为"500像素"，"分辨率"为"72像素/英寸"，确认操作，完成新建，如图6-5所示。

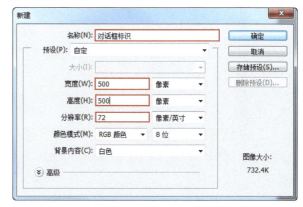

图6-5

02 绘制对话框。选择"自定形状工具" 🖎，设置"工具模式"为"形状"，"填充"为红色（R:255，G:0，

B:0)，"描边"为"无"，如图6-6和图6-7所示。

图6-6

图6-7

03 **添加文字。** 在工具箱中选择"横排文字工具"T，然后在画布中单击并输入"促销"字样，设置"字体"为"思源黑体Bold"，"颜色"为白色，如图6-8和图6-9所示。将制作好的醒目标识置入页面，并调整到合适大小，效果如图6-10所示。

图6-8

图6-9

图6-10

视频名称	制作边角标识.mp4
实例位置	实例文件>CH06>02
技术掌握	形状 / 椭圆 / 文本工具

　　边角标识适合放置在页面的左上角或右上角。在左上角或右上角添加这样的标识，既丰富了画面，又可以起到促销的作用，如图6-11所示。

图6-11

✎... **制作步骤**

01 **新建空白文档。** 执行"文件>新建"命令，在打开的"新建"对话框中设置"名称"为"边角标识"，"宽度"为"500像素"，"高度"为"500像素"，"分辨率"为"72像素/英寸"，确认操作，完成新建，如图6-12所示。

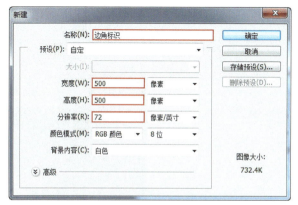

图6-12

02 **绘制矩形。** 选择"矩形工具"，设置"填充"为红色（R:255，G:0，B:0），然后在按住Shift键的同时在画布

左上角绘制一个矩形，如图6-13所示。

图6-13

03 制作边角。选择"椭圆工具" ⬭，在选项栏中设置"填充"为红色（R:255，G:0，B:0），并选择"减去顶层形状" ⬚，如图6-14所示。在画布中从右下角向左上角拖曳绘制一个圆形，如图6-15所示。

图6-14

图6-15

04 添加文字。在工具箱中选择"横排文字工具" T，然后在画布中单击并输入"促销"字样，设置"字体"为"思源黑体Bold"，"颜色"为白色，如图6-16所示。最终制作好的效果图如图6-17所示。将制作好的标识置入指定的页面，并调整到合适大小，效果如图6-18所示。

图6-16

图6-17   图6-18

实战：制作箭头标识

视频名称	制作箭头标识 .mp4
实例位置	实例文件 >CH06>03
技术掌握	自定形状工具、图层样式

箭头标识可以引导人将注意力放到产品或者产品的促销力度上，如图6-19所示。

图6-19

✎... **制作步骤**

01 新建空白文档。执行"文件>新建"命令，在打开的"新建"对话框中设置"名称"为"箭头标识"，"宽度"为"500像素"，"高度"为"500像素"，"分辨率"为"72像素/英寸"，确认操作，完成新建，如图6-20所示。

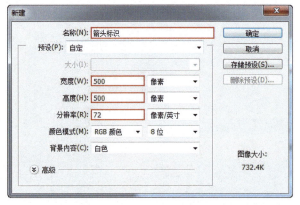

图6-20

02 绘制箭头。选择"自定形状工具" ⬚，在选项栏中设置"工具模式"为"形状"，"填充"为红色，如图6-21

所示。按住鼠标左键，在画布中从左向右拖曳绘制一个箭头，如图6-22所示。如果想对它做点颜色改变，可以选择该图层，点击"图层"面板下方的"添加图层样式"按钮 𝑓𝑥 ，在上拉菜单中选择"颜色叠加"命令，在弹出的对话框中设置"颜色"为蓝色（R:0，G:204，B:255），如图6-23所示。将制作好的箭头标识置入指定的页面，如图6-24所示。

图6-21

图6-22

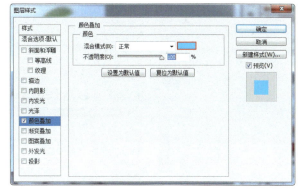

图6-23

图6-24

实战：制作爆炸多边形标识	
视频名称	制作爆炸多边形标识 .mp4
实例位置	实例文件 >CH06>04
技术掌握	自定形状工具、文本工具

爆炸多边形标识给人一种有力的视觉冲击感，它可以将促销信息第一时间传达给顾客，也是电商设计中应用较多的一种标识，如图6-25所示。

图6-25

✎.... **制作步骤**

01 **新建空白文档**。执行"文件>新建"命令，在打开的"新建"对话框中设置"名称"为"爆炸多边形标识"，"宽度"为"500像素"，"高度"为"500像素"，"分辨率"为"72像素/英寸"，确认操作，完成新建，如图6-26所示。

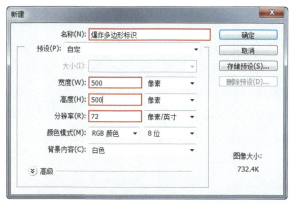

图6-26

02 **绘制爆炸多边形**。在工具箱中选择"自定形状工具" ，

在选项栏中设置"工具模式"为"形状","填充"为红色（R:255，G:0，B:0），如图6-27所示，效果如图6-28所示。

图6-27

图6-28

03 添加文字。在工具箱中选择"横排文字工具" T ，然后在画布中单击并输入"促销"字样，设置"字体"为"思源黑体Bold"，"颜色"为白色，如图6-29所示。最终制作好的效果图如图6-30所示。之后将其调入一个主图，并调整到合适大小和位置，如图6-31所示。

图6-29

图6-30

图6-31

更多电商醒目标识案例效果如图6-32和图6-33所示。

图6-32

图6-33

第 7 章

投影效果的
制作方法

在电商设计中，会经常使用到添加投影的技巧。投影的存在可以让设计效果更立体且更有空间感，同时也会在一定程度上提升产品的质感。

7.1 投影效果制作的要点

在制作投影效果时需要注意以下3个问题，制作出的效果如图7-1所示。

第一，效果不要太生硬，制作出来的效果如果太生硬，可以通过执行"滤镜>模糊>高斯模糊"命令使其变得柔和。

第二，如果想要它的细节更丰富一些，可以尝试多做几层，如此可以让它的过渡更均匀，细节更丰富，阴影效果也更逼真。

第三，阴影的颜色要控制好，它不是单纯的黑色，而是环境色，所以在制作阴影时要吸取环境色作为阴影颜色，而不是单纯地设置为黑色。

图7-1

7.2 常见的投影效果的制作与解析

本节，笔者将投影的制作方法分为两大类进行讲解，一是按效果分类，二是按形态分类。

7.2.1 按效果分类

投影的制作按效果分可以分为模糊投影、渐变投影和扁平化投影。

实战：制作模糊投影

视频名称	制作模糊投影.mp4
实例位置	实例文件>CH07>01
技术掌握	椭圆选框工具、"高斯模糊"命令

模糊投影就是对做好的投影进行了模糊处理，它的作用是可以让产品看起来更真实，画面也更完整，如图7-2所示。

图7-2

✎ **制作步骤**

01 打开素材。执行"文件>打开"命令，打开"模糊投影"素材文件，如图7-3所示。

02 绘制椭圆选区。在工具箱中选择"椭圆选框工具" ⬭，然后在壶身下方绘制一个椭圆选区，如图7-4所示。

图7-3　　　　　　　　　　　　图7-4

03 制作投影。在壶身图层下方创建一个空白图层，并填充为黑色，如图7-5和图7-6所示。

图7-5　　　　　　　　　　　　图7-6

04 在菜单栏中执行"滤镜>模糊>高斯模糊"命令，对填充好的黑色块进行模糊处理，并适当降低图层的"不透明度"，让效果显得更真实，如图7-7所示。

图7-7

实战：	制作渐变投影
视频名称	制作渐变投影.mp4
实例位置	实例文件 >CH07>02
技术掌握	蒙版、渐变工具、"垂直翻转"命令

为产品添加渐变投影，会增强画面的真实感，而且还会使画面看起来更加美观、大气，如图7-8所示。

图7-8

✎... **制作步骤**

01 打开素材。执行"文件>打开"命令，打开"渐变投影"素材文件，如图7-9所示。

图7-9

02 添加投影图形。选择"产品"图层，按快捷键Ctrl+J将其复制一份。单击选择"产品"图层，然后在菜单栏中执行"编辑>变换>垂直翻转"命令，对产品进行竖直翻转处理，并使用"移动工具"将其底部对齐，如图7-10~图7-12所示。

图7-10

图7-11

图7-12

03 处理投影图形。选择"产品"图层，单击"图层"面板下方的"添加图层蒙版"按钮，为其添加一个图层蒙版，如图7-13所示。选择"渐变工具"，在选项栏中单击"点按可编辑渐变"按钮，设置一个由黑到白的渐变色效果，然后在蒙版图层中从下往上拉出渐变，完成渐变投影的制作，如图7-14所示。

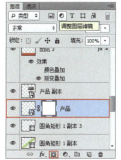

图7-13

图7-14

实战：	制作扁平化长投影
视频名称	制作扁平化长投影.mp4
实例位置	实例文件 >CH07>03
技术掌握	文本工具、图层样式

扁平化长投影经常用于增加文字厚度，使画面更加丰富且具有层次感，如图7-15所示。

图7-15

✎ **制作步骤**

01 **打开素材**。执行"文件>打开"命令，在弹出的对话框中选择并打开"春季上新"素材，如图7-16所示。

图7-16

02 **添加文字**。在工具箱中选择"横排文字工具" T ，然后在画布中单击并输入"春季上新"字样，设置"字体"为"思源黑体 Bold"，"颜色"为白色，并适当调整其大小和位置，如图7-17和图7-18所示。

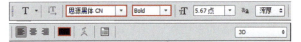

图7-17

图7-18

03 **复制文字**。将文字复制一层，单击选择"春季上新"文字图层，然后按快捷键Ctrl+T执行"自由变换"命令，将复制出的文字向右、向下各移动一些，确认操作，如图7-19所示。得到的效果如图7-20所示。

04 **进一步调整字体**。按快捷键Ctrl+Alt+Shift+T执行"移动并复制"命令。将文字复制出多份，并将复制出的图层合并为一层，如图7-21所示。

图7-19　　　　　图7-21

图7-20

05 **修改颜色**。双击图层，打开"图层样式"对话框，选择"颜色叠加"选项，设置"颜色"为深紫色（R:48，G:42，B:157)，如图7-22所示，最终效果如图7-23所示。

图7-22

图7-23

7.2.2　按形态分类

投影的制作按形态分可以分为正方体投影、圆柱体投影和长方体投影。

实战：制作正方体投影

视频名称	制作正方体投影 .mp4
实例位置	实例文件 >CH07>04
技术掌握	"垂直翻转"命令、蒙版

对于正方体类型商品来说，为其添加适当的投影可以从侧面烘托出产品的品质感，如图7-24所示。

图7-24

✎ **制作步骤**

01 打开素材。执行"文件>打开"命令，打开"正方体倒影"素材，如图7-25所示。

02 添加投影图形。选择"产品"图层，按快捷键Ctrl+J将其复制一份。单击选择"产品"图层，如图7-26所示。然后在菜单栏中执行"编辑>变换>垂直翻转"命令，对产品进行竖直翻转处理，如图7-27所示。使用"移动工具" 🕂 将其调整至底部对齐，如图7-28所示。

图7-25　　　　　　　　　　图7-26

03 处理投影图形。选择"渐变工具" ▣，然后在选项栏中单击"点按可编辑渐变"按钮 ▭ ，然后设置一个由黑到白的渐变色效果，如图7-29所示。并在蒙版中从下往上拉出渐变，如图7-30所示。

图7-27　　　　　　　　　　图7-28

图7-29

图7-30

实战：制作圆柱体投影

视频名称	制作圆柱体投影.mp4
实例位置	实例文件>CH07>05
技术掌握	"变形"命令、渐变工具、蒙版

　　圆柱体投影和正方体投影制作起来是有很大区别的，它需要在制作时对投影进行变形才可以，如图7-31所示。

图7-31

✎ **制作步骤**

01 打开素材。执行"文件>打开"命令，在界面中打开"圆柱体投影"素材文件，如图7-32所示。

02 复制商品。按快捷键Ctrl+J将图层复制一份，然后在菜单栏中执行"编辑>变换>垂直翻转"命令，对复制出的商品进行竖直翻转处理，并给商品添加一个蒙版，如图7-33所示。

图7-32　　　　　　　　　　图7-33

03 修改底部。 在菜单栏中执行"编辑>变换>变形"命令,对倒影中的商品底部进行变形调整,使其变得更加真实,如图7-34所示。

04 制作投影。 选择"渐变工具"，然后在选项栏中单击"点按可编辑渐变"按钮，然后设置一个由黑到白的渐变色效果,并在蒙版中从下往上拉出渐变,如图7-35和图7-36所示。

图7-35

图7-34　　　　　　　图7-36

实战：制作长方体投影

视频名称	制作长方体投影.mp4
实例位置	实例文件 >CH07>06
技术掌握	渐变工具、蒙版、"斜切变形"命令

长方体投影需要通过多次叠加的方式才能制作出来,如图7-37所示。

制作步骤

01 打开素材。 执行"文件>打开"命令,打开"长方体投影"素材文件,如图7-38所示。

图7-37　　　　　　　图7-38

02 复制商品正面。 选择"矩形选框工具"，框选酒盒正面部分作为选区,然后按快捷键Ctrl+J键将选区内容复制出一层,如图7-39所示。在菜单栏中执行"编辑>变换>垂直翻转"命令,如图7-40所示,对选区图形进行竖直翻转处理,并给其添加一个图层蒙版,如图7-41所示。

图7-39　　　　　图7-40　　　　　图7-41

03 修改底部。 由于直接复制出的底部效果一般不真实,因此在菜单栏中执行"编辑>变换>斜切"命令,对底部加以变形调整,让投影变得更真实,如图7-42和图7-43所示。

图7-42　　　　　　　图7-43

04 制作投影。 选择"渐变工具"，在选项栏中单击"点按可编辑渐变"按钮，设置一个由黑到白的渐变色效果,并在蒙版中从下往上拉出渐变,如图7-44所示。之后利用同样的方法制作另一面的投影效果,制作好的效果如图7-45所示。

图7-44　　　　　　　图7-45

第 8 章

时间轴的
认识与应用

　　"时间轴"是把一段时间以一条或多条线的形式表现出来的设计方式。它的工作原理就是利用帧定义一系列的时间段，并且这些帧随着时间变化，均可以产生各种属性的变化，以此来实现动画效果。

8.1 时间轴的概念

时间轴是一种简单的动态效果制作工具。其每个元素放在不同的图层里面，搭配Photoshop功能如图层蒙版、图层样式、图层不透明度等可以制作出一些动画效果。在时间轴中，我们也可以导入视频，并对视频进行一些简单的剪辑、添加转场和配乐等处理。

时间轴的原理其实就和我们日常生活中所见的影片一样，每一帧显示的就是一张图，将每一帧关联起来播放就形成了我们所看到的影片。在电商设计与店铺装修中，我们通常使用视频时间轴制作一些动态效果，使本身呆板的页面变得更加灵动，如图8-1所示。

图8-1

8.2 时间轴的设置与应用

我们经常会在详情页中看到各式各样的动态图，如水的流动图、店招或详情页上的动态效果等，其实它们都是使用时间轴来制作的。时间轴在电商设计中的应用范畴包括以下两个方面：一方面是主图视频的制作，另一方面是详情页动态图的制作。

8.2.1 主图视频

近几年来，随着电商行业的高速发展，很多卖家都习惯在店铺中摆放主图视频，如此可以让买家更直观地感受到产品的品质，以此来促使买家购买，如图8-2所示。这个主图视频的制作，就可以利用时间轴来完成。

图8-2

8.2.2 详情页动态图

在详情页设计中，可以使用时间轴制作动态图片，以此来增强画面的趣味性，同时让产品得到更好的展示，如图8-3所示。

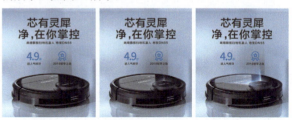

图8-3

实战：时间轴的设置与应用案例解析

视频名称	时间轴的设置与应用案例解析 .mp4
实例位置	实例文件 >CH08>01
技术掌握	时间轴

在Photoshop的"时间轴"面板中，可以显示文档图层帧的持续时间和动画属性。"时间轴"面板主要用于组织和控制影片中图层和帧的内容，使这些内容随着时间的推移发生相应的变化，如图8-4所示。

图8-4

操作步骤

01 **新建空白文档。** 执行"文件>新建"命令，在打开的"新建"对话框中设置"名称"为"时间轴"，"宽度"为"950像素"，"高度"为"500像素"，"分辨率"为"72像素/英寸"，确认操作，完成新建，如图8-5所示。

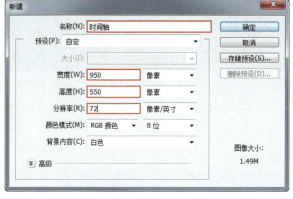

图8-5

02 **填充底色。** 设置前景色为深蓝色（R:54，G:54，B:77），如图8-6所示。

图8-6

03 **绘制图形。** 选择"圆角矩形工具" ，在选项栏中设置"填充"为深蓝色（R:54，G:54，B:77），"半径"为"50像素"，如图8-7所示。在画布中绘制出一个圆角矩形，之后在工具箱里选择"椭圆工具" ，并在按住Shift键的同时拖动鼠标，在画布中绘制一个圆形，然后设置"填充"为黄色（R:255，G:255，B:0），如图8-8所示。在绘制好的图层上单击鼠标右键，在弹出的快捷菜单中选择"创建剪贴蒙版"选项，将圆融入圆角矩形，如图8-9和图8-10所示。

图8-7

图8-8

图8-9

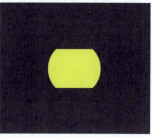

图8-10

04 **添加文字。** 在工具箱中选择"横排文字工具" ，然后在画布中单击并输入"立即查看"字样，设置"字体"为"思源黑体 Bold"，"颜色"为深蓝色（R:54，G:54，B:77），如图8-11所示。调整文字大小，并将其放置在文档中的合适位置，如图8-12所示。

图8-11

图8-12

05 **设置"时间轴"面板。** 在菜单栏中执行"窗口>时间轴"命令，在弹出的"时间轴"面板中选择"创建视频时间轴"选项，如图8-13所示。

图8-13

06 **转换为智能对象。** 选中"椭圆1"图层和"圆角矩形1"图层，然后单击鼠标右键，在弹出的快捷菜单中选择"转换为智能对象"命令，将两个图层转换为智能对象，之后单击"时间轴"面板中两个图层的倒三角图标，会展开如图8-14所示的图层信息。

图8-14

07 设置时间轴参数。 单击"变换"和"不透明度"两个图层前面的"关键帧"按钮，使其显示为 ⏲ ，添加关键帧，如图8-15所示。

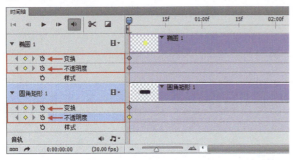

图8-15

08 设置不透明度。 选择"椭圆1"图层，设置图层的"不透明度"为"10%"，如图8-16所示。

09 调整时间轴参数。 拖曳时间轴到25秒处，再次单击添加关键帧，如图8-17所示。设置"椭圆1"图层的"不透明度"为"100%"，将大小调整至撑满整个圆角矩形为止，如图8-18所示。这样，动画效果就制作完成了。

图8-16

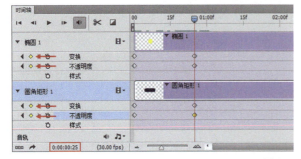

图8-17

图8-18

10 输出保存。 在菜单栏中执行"文件>存储为Web所用格式"命令，在弹出的对话框中设置文件的"存储格式"为"GIF"，"循环选项"为"永远"，确认并完成存储，如图8-19所示。

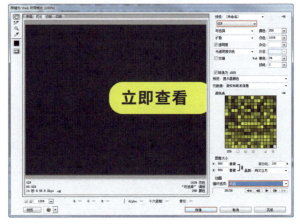

图8-19

实战：时间轴在动态店招制作中的运用

视频名称	时间轴在动态店招制作中的运用 .mp4
实例位置	实例文件 >CH08>02
技术掌握	时间轴

在浏览淘宝网的过程中，我们经常会在店招上看到一些动态效果，它既增强了画面的灵动性，又达到了强调内容的目的，如图8-20所示。下面，我们一起来学习下动态店招的设计方法。

图8-20

✏...**操作步骤**

01 打开素材。 执行"文件>打开"命令，然后打开所需素材，如图8-21所示。

图8-21

02 **创建视频时间轴。**执行"窗口>时间轴"命令，打开"时间轴"面板，然后在面板中单击并创建视频时间轴，如图8-22和图 8-23所示。

图8-22

图8-23

03 **添加关键帧。**单击"hot"图层前面的三角图标，展开面板，然后在"位置"上单击并创建关键帧，如图8-24所示。

图8-24

04 **添加关键帧并调整时间轴。**将时间轴拖曳到05f处，添加关键帧，然后将"hot"图层向上移动3像素，再将时间轴拖曳到10f处，将"hot"图层向下移动6像素，如图8-25和图8-26所示。之后用同样的方法制作后面的"new"的动态效果。

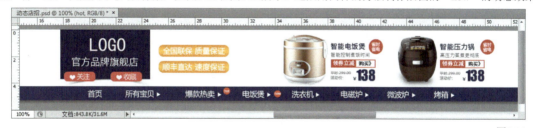

图8-25

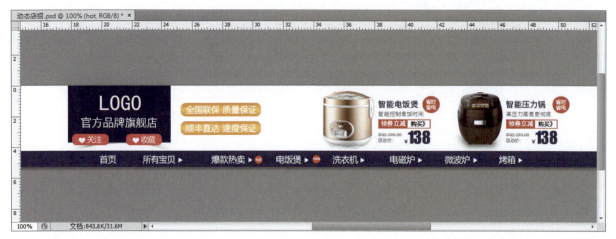

图8-26

05 **保存效果**。执行"文件>存储为Web所用格式"命令，然后在弹出的对话框中设置文件的"存储格式"为"GIF"，"循环选项"为"永远"，确认并完成保存，如图8-27所示。

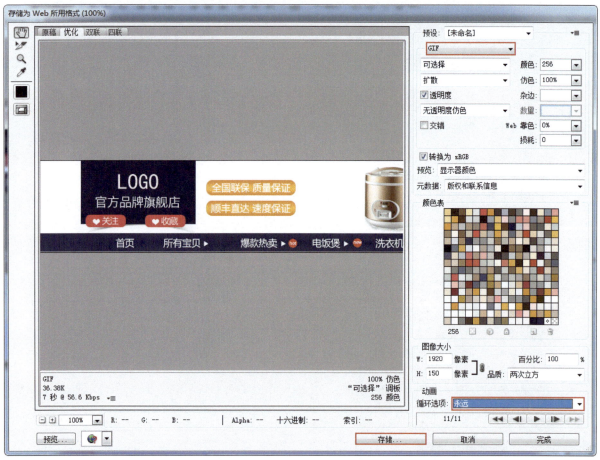

图8-27

第 **9** 章

Cinema 4D在电商设计中的应用技巧

　　Cinema 4D是由德国Maxon公司研发的一款3D绘图软件。近两年，该软件凭借着上手快、出图品质高的特点在电商设计领域的应用越来越广泛。本章笔者将带领大家学习Cinema 4D在电商设计中的应用方法与技巧。

9.1 Cinema 4D 软件在电商设计中的应用范畴

Cinema 4D在电商设计中的主要应用有大促类海报首页的金属文字的制作、可爱气球字的制作、霓虹灯文字的制作、拟人化建模、低多边形场景的制作、城市建筑场景的制作及商业产品建模。

9.1.1 制作金属文字

金属文字风格比较多样，所以主要应用于3C数码、家用电器及食品生鲜等类目。金属文字建模难度一般，比较难的地方在于对金属材质的把握以及对布光技巧的掌握，材质及布光是一定要多练习才行的。常见的金属文字海报效果如图9-1~图9-4所示。

图9-1

图9-2

图9-3

图9-4

9.1.2 制作可爱气球字

可爱气球字凭借着卡通可爱，且配色多为高饱和度、高明度的色彩的特点，主要应用于食品生鲜、母婴玩具及彩妆护肤等类目。可爱气球字建模难度也一般，比较难的地方在于对配色的把握。常见的可爱气球字海报效果如图9-5所示。

图9-5

9.1.3 制作霓虹灯文字

霓虹灯文字风格比较灵活多变，整体色调偏深，主文案多呈现为发光灯管效果，主要应用于3C数码、汽车配件及家用电器等类目。霓虹灯文字建模难度一般，比较难的地方在于对发光材质及金属材质的把握。常见的霓虹灯文字海报效果如图9-6和图9-7所示。

图9-6

图9-7

9.1.4 拟人化建模

　　拟人化建模制作而成的海报风格比较偏卡通，配色同样多为高饱和度、高明度的色彩，主要应用于食品生鲜、母婴玩具及彩妆护肤等类目。在具体设计时，卡通人物形象可以做成品牌的代言人，尤其是多个卡通人物形象放一起很容易做出场景感。拟人化建模难度略高，建模过程涉及雕刻建模以及人物五官动作的表现。常见的拟人化建模海报效果如图9-8所示。

图9-8

9.1.5 制作低多边形场景

　　低多边形场景打破了追求模型细节的常规，整体模型看似略显粗糙，但是这正是低多边形场景的独特风格。低多边形场景在电商设计行业中同样应用在大促类首页海报设计中的情况较多，其设计风格及配色比较卡通可爱，配色时也多为高饱和高明度的色彩，主要应用于食品生鲜、母婴玩具及彩妆护肤等类目。

　　低多边形场景建模难度一般，比较难的地方在于对配色的把握。低多边形场景海报效果如图9-9所示。

图9-9

9.1.6 制作城市建筑场景

　　城市建筑场景风格比较多样，主要呈现为炫酷、卡通可爱的效果，应用于3C数码、家用电器、食品生鲜、母婴玩具及彩妆护肤等类目。城市建筑场景是将真实的城市卡通化，因为整个场景细节比较多，所以很容易体现出设计师的设计功底，比较难的地方在于场景细节的优化以及对整体配色的把握。常见的城市建筑场景效果如图9-10所示。

图9-10

9.1.7 商业产品建模

电商行业里的产品图98%以上都是精修过的。虽然Photoshop在精修产品图方面有其特有的优势，但是也面临光影、材质比较难以表现及同一产品有多张图时精修比较耗时耗力的问题，而商业产品建模刚好弥补这点。商业产品建模在电商设计中主要应用于3C数码、家用电器及彩妆护肤等类目。

商业产品建模难度较高，材质表现难度较高，因此需要多加练习。常见的商业产品建模海报效果如图9-11所示。

图9-11

9.2 Cinema 4D 在电商设计中的应用实操详解

目前，Cinema 4D的使用在电商设计行业中日益普及。Cinema 4D软件作为一个强大的三维建模软件，不仅具备了初学者容易上手的特点，还具备渲染功能强大的特点，接下来，我们一起来学习两个电商海报设计案例。

实战：约惠春天——简单场景的搭建

视频名称	约惠春天——简单场景的搭建 .mp4
文件位置	实例文件 >CH09>01
技术掌握	参数化模型的使用、克隆工具的使用、材质的添加、布光方法

护肤品是电商行业里比较大的一个类目，海报的设计也是风格多样。当然，不同的护肤品也有不同的消费群体，因此在搭建场景时需要按照群体的喜好来进行。

下面笔者针对年轻女性使用的一款产品来讲解一下其海报设计中涉及的简单场景的搭建。制作好的海报效果如图9-12所示。

图9-12

✎ 操作步骤

01 创建圆环背景。用"圆环"命令 ![圆柱] 新建模型，设置"圆环半径"为"18cm"，"圆环分段"为"36"，"导管半径"为"8cm"，"导管分段"为"18"，"方向"为"+Z"，如图9-13所示。

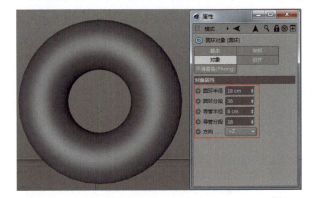

图9-13

02 按照上一步的方法，再新建5个圆环，然后编组并重命名为"圆环背景"，如图9-14所示。

03 用"画笔工具" ![画笔] 画出曲线，如图9-15所示。

图9-14　　　　　　　　　　　图9-15

04 创建场景。添加"挤压"命令 ![挤压]，然后拖曳上一步创建的样条线使其成为"挤压"的子级，并重命名为"背景板"，接着修改"移动"为"（3500，0，0）cm"，

"细分"数为"1","等参细分"为"10",如图9-16所示。

图9-16

05 将第2步创建的"圆环背景"移动到界面中的合适位置,如图9-17所示。

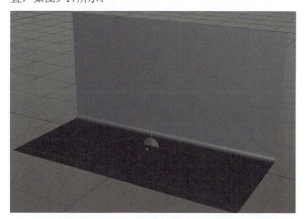

图9-17

06 添加文字底部装饰。用"圆柱"命令█████新建圆柱,修改"半径"为"26cm","高度"为"3cm","高度分段"为"1","旋转分段"为"60","方向"为"+Z",如图9-18所示。

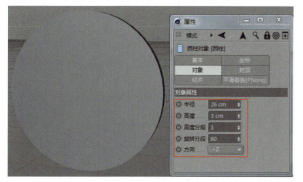

图9-18

07 添加文字。在菜单栏中找到"运动图形"选项卡,在选项卡中选择"文本"工具█ 文本,如图9-19所示。

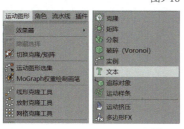

图9-19

08 修改"文本"的参数及文本内容,然后修改"深度"为"5cm","字体"为"旁门正道标题体","高度"为"44cm",如图9-20所示。

图9-20

09 将第8步创建的文本与第6步创建的圆柱移动至中心对齐,然后进行编组,如图9-21所示。

10 在菜单栏中找到"运动图形"选项卡,然后选择"克隆"命令█ 克隆,如图9-22所示。

图9-21   图9-22

11 将第9步中的模型组复制4份并拖曳使其成为"克隆"的子级,同时重命名为"标题",修改"模式"为"线性","数量"为"4","位置.X"为"52cm",如图9-23所示。

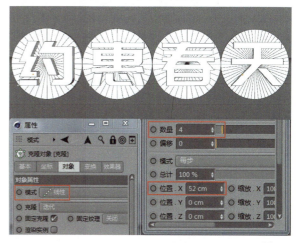

图9-23

12 将第5步的模型与第11步的模型移动至合适位置，如图9-24所示。

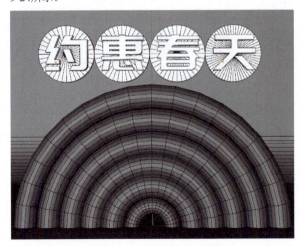

图9-24

13 添加圆形底座。用"圆柱"命令 圆柱 新建一个圆柱参数化模型，然后修改"半径"为"65cm"，"高度"为"4.5cm"，并勾选"圆角"，修改圆角"分段"为"5"，圆角"半径"为"0.5cm"，如图9-25所示。

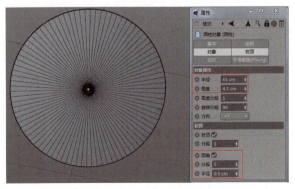

图9-25

14 添加"克隆"命令 克隆 ，将第13步新建的圆柱拖曳使其成为"克隆"的子级，然重命名为"产品底座"，并修改"模式"为"线性"，"数量"为"3"，"位置.Y"为"4.5cm"，如图9-26所示。

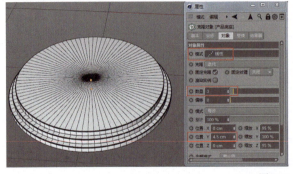

图9-26

15 用"平面"命令 平面 新建一个平面参数化模型，然后重命名为"产品"，并修改"宽度"为"75cm"，"高度"为"75cm"，如图9-27所示。

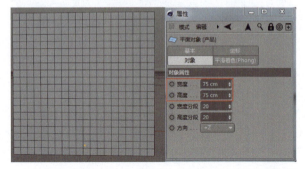

图9-27

16 在材质球窗口中双击新建一个材质球，并将材质球名字修改为"产品"，拖曳一个PNG格式的产品图素材到材质球"颜色"通道的"纹理"一栏中，如图9-28所示。

图9-28

17 勾选第16步新建的材质的"Alpha"通道，将PNG格式的产品图拖曳到材质球"Alpha"通道中的"纹理"一栏中，如图9-29所示。

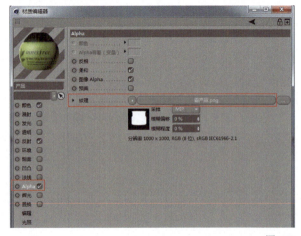

图9-29

18 添加产品。将"产品"材质球拖曳到第15步创建的平面上，效果如图9-30所示。

19 在"对象窗口"面板中找到材质球标签，然后修改材质球标签的属性设置，并移动平面位置，如图9-31和图9-32所示。

图9-30　　　　　　　图9-31

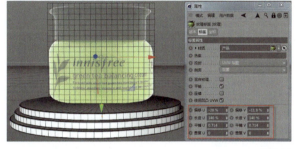

图9-32

20 用"圆柱"命令 新建模型，修改"半径"为"18cm"，"高度"为"1.5cm"，圆角"分段"为"5"，圆角"半径"为"0.12cm"，如图9-33所示。

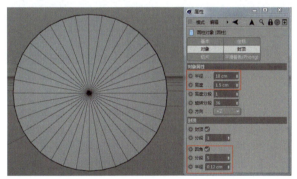

图9-33

21 添加树。按照第20步的方法依次新建几个圆柱并移动到合适位置，编组重命名为"树叶"，如图9-34所示。

22 用"画笔工具" 在正视图中绘制树干样条线，如图9-35所示。

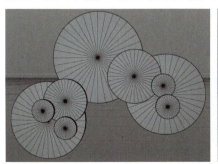

图9-34　　　　　　　图9-35

23 添加"挤压"命令 ，将第22步绘制的样条线拖曳使其成为"挤压"的子级，然后重命名为"树干"，并修改"移动"为"（0cm，0cm，1.5cm）"，如图9-36所示。

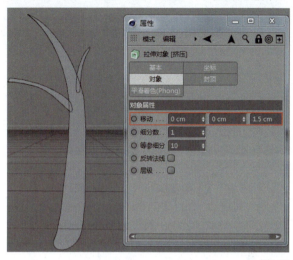

图9-36

24 将第23步创建的树干模型移动至合适位置，如图9-37所示。

25 添加装饰。用"球体"工具 新建一组球体参数化模型，然后整体编组，接着重命名为"球体装饰"，并移动至合适位置，如图9-38所示。

图9-37　　　　　　　图9-38

26 用"画笔工具" 在正视图中绘制棒棒糖样条线，如图10-39所示。添加"扫描"命令，新建一个圆环，将参数调整至合适大小，将圆环和绘制的样条线拖曳至成为"扫描"的子级，如图9-40所示。

图9-39　　　　　　　图9-40

27 将第26步创建的模型重命名为"棒棒糖装饰",复制一份并移动至合适位置,如图9-41所示。

图9-41

28 用"胶囊"工具 胶囊 新建一个胶囊模型,并修改"半径"为"5cm","高度"为"22cm",如图9-42所示。

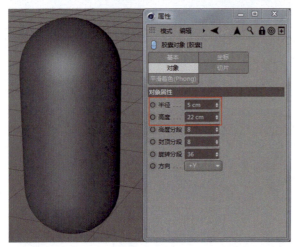

图9-42

29 用"螺旋"工具 螺旋 新建样条线,修改"起始半径"为"5.5cm","开始角度"为"0°","终点半径"为"5.5cm","结束角度"为"1820°""半径偏移"为"50%","高度"为"11.5cm","高度偏移"为"50%","细分数"为"100",如图9-43所示。

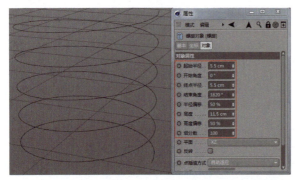

图9-43

30 添加"扫描"命令 扫描,新建一个圆环,将参数调整至合适大小,将圆环和第29步绘制的螺旋样条线拖曳使其成为"扫

描"的子级,并重命名为"胶囊扫描装饰",如图9-44所示。

31 将第28步和第30步创建的模型移动至合适位置,然后编组并重命名为"胶囊装饰",如图9-45所示。

图9-44   图9-45

32 复制第31步创建的胶囊装饰物,并移动至合适位置,如图9-46所示。

图9-46

33 **完善背景。**在材质球窗口中双击新建一个材质球,然后将材质球名字修改为"圆环背景材质",将其拖曳并植入"圆环背景",接着在"颜色"通道中修改"H"为"95°","S"为"68%","V"为"73%","亮度"为"100%"。在"反射"通道中修改"GGX"为"100%","类型"为"GGX","衰减"为"平均","粗糙度"为"1%","反射强度"为"100%","高光强度"为"20%","凹凸强度"为"100%","菲涅耳"为"绝缘体","预置"为"自定义","强度"为"100%","折射率"为"1.35",如图9-47和图9-48所示。

图9-47

图9-50

34 在材质球窗口中双击新建一个材质球,将材质球名字修改为"背景板材质",将其拖曳并置入"背景板",在"颜色"通道中修改"H"为"95°","S"为"62%","V"为"80%","亮度"为"100%",如图9-49所示。

图9-48

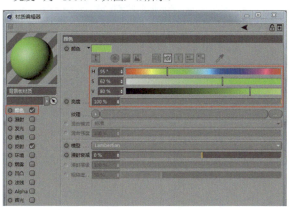

图9-49

图9-51

35 在材质球窗口中双击新建一个材质球,将材质球名字修改为"棒棒糖装饰材质",将其拖曳并置入"棒棒糖装饰"。在"颜色"通道中修改"纹理"为"棋盘","颜色1"为"白色","颜色2"为"绿色","U频率"为"0","V频率"为"8"。在"反射"通道中修改"GGX"为"普通,100%","默认高光"为"添加,100%","菲涅耳"为"绝缘体","预置"为"自定义","强度"为"100%","折射率"为"1.35",如图9-50~图9-52所示。

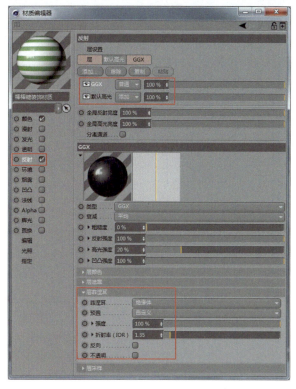

图9-52

36 在材质球窗口中双击新建一个材质球，将材质球名字修改为"树干材质"，并将其拖曳给"树干"模型组。在"颜色"通道中修改"H"为"39°"，"S"为"80%"，"V"为"69%"。在"反射"通道中修改"GGX"为"普通，100%"，"默认高光"为"添加，100%"，"菲涅耳"为"绝缘体"，"预置"为"自定义"，"强度"为"100%"，"折射率"为"1.35"，如图9-53和图9-54所示。

图9-53

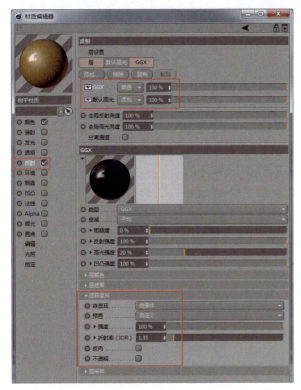

图9-54

37 在材质球窗口中双击新建一个材质球，将材质球名字修改为"球体装饰材质"，将其拖曳并置入"球体装饰"模型组。在"颜色"通道中修改"纹理"为"棋盘"，"H"为"39°"，"颜色1"为"白色"，"颜色2"为"绿色"，"U频率"为"0"，"V频率"为"5"。在

"反射"通道中修改"GGX"为"普通，100%"，"默认高光"为"添加，100%"，"菲涅耳"为"绝缘体"，"预置"为"自定义"，"强度"为100%，"折射率"为"1.35"，如图9-55~图9-57所示。

图9-55

图9-56

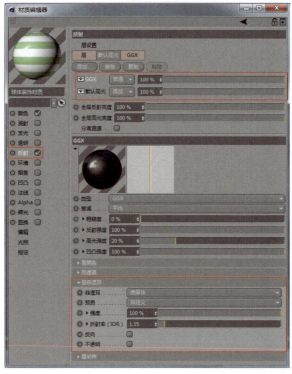

图9-57

38 在材质球窗口中双击新建一个材质球，将材质球名字修改为"胶囊材质"，并将其拖曳给"胶囊"模型组。在"颜色"通道中修改"H"为"86°"，"S"为"44%"，"V"为"100%"。在"反射"通道中修改"GGX"为"普通，100%"，"默认高光"为"添加，100%"，"菲涅耳"为"绝缘体"，"预置"为"自定义"，"强度"为"100%"，"折射率"为"1.35"，如图9-58和图9-59所示。

图9-60

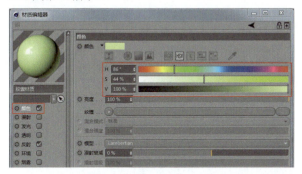

图9-58

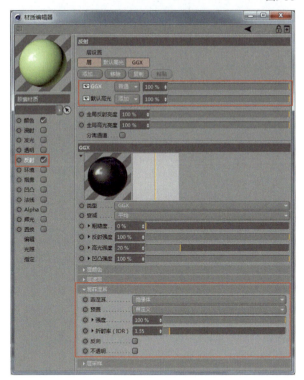

图9-59

39 在材质球窗口中双击新建一个材质球，重命名为"白色材质"，将其拖曳并置入"胶囊扫描装饰"模型组。在"颜色"通道中修改"H"为"86°"，"S"为"0%"，"V"为"100%"。在"反射"通道中修改"GGX"为"普通，100%"，"默认高光"为"添加，100%"，"菲涅耳"为"绝缘体"，"预置"为"自定义"，"强度"为"100%"，"折射率"为"1.35"，如图9-60和图9-61所示。

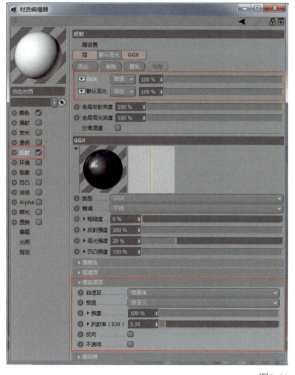

图9-61

40 用"平面"命令新建3个平面参数化模型，移动至合适位置，将"白色材质"球拖曳并置入平面，如图9-62所示。

图9-62

41 添加区域光。添加"区域光"命令 ■区域光，在"常规"选项卡中修改"H"为"0°"，"S"为"0%"，"V"为100%，"强度"为"100%"，"类型"为"区域光"，"投影"为"区域"。在"细节"选项卡中修改"衰减"为"平方倒数（物理精度）"，如图9-63和图9-64所示。

图9-63

图9-64

42 将3盏灯移动至合适位置，如图9-65所示。

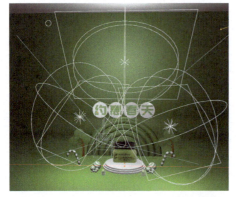

图9-65

43 在"抗锯齿"选项栏中设置"抗锯齿"为"最佳"，在"全局光照"选项栏中设置"预设"为"自定义"，"首次反弹算法"为"辐照缓存"，"二次反弹算法"为"光线映射"，"最大传递深度"为"16"，"Gamma"为"1"，"采样"为"高"，勾选"半球采样"选项，勾选"离散面积采样"选项，勾选"离散天空采样"选项。在"环境吸收"选项栏中勾选"应用到工程"选项，设置"颜色"为"浅灰到白色"的渐变效果，"最小光线长度"为"0cm"，"最大光线长度"为"100cm"，"散射"为"100%"，"精度"为"50%"，"最小取样值"为"10"，"最大取样值"为"64"，"对比"为"0%"，如图9-66~图9-68所示，最终效果如图6-69所示。

图9-66

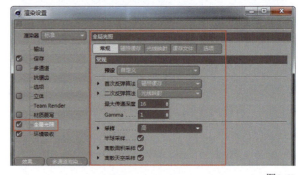

图9-67

图9-68

图9-69

实战：年终狂欢盛典——霓虹灯文字海报设计

视频名称	年终狂欢盛典——霓虹灯文字海报设计.mp4
文件位置	实例文件>CH09>02
技术掌握	"扫描"命令、发光材质设置、三点布光技巧

电商行业每年大促活动比较多，尤其是到了下半年的时候，先有"99大促""国庆狂欢"，然后有"双十一""双十二"，再有"元旦""年货节"。想要在大促海报设计中突出活动氛围，那霓虹灯文字就是一个很不错的选择了。接下来，笔者将带大家一起学习一下霓虹灯文字的电商海报的设计方法与技巧。制作好的海报效果如图9-70所示。

图9-70

✎ **操作步骤**

01 添加文字。用"文本"命令 新建文本参数化样条线，修改"字体"为"思源黑体"，如图9-71和图9-72所示。

02 将第1步创建的文本转为可编辑对象，然后对文字转角处使用"倒角"命令进行倒圆角处理，并重命名为"活动标题"，如图9-73所示。

图9-71

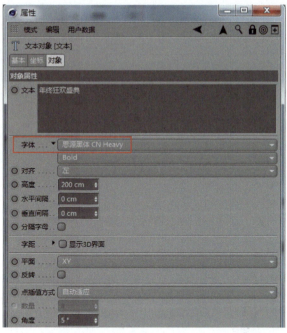

图9-72

图9-73

03 用"圆环"命令 新建一条圆环参数化样条线，并将半径调整至合适大小，新建"扫描"命令，将圆环和"活动标题"样条线拖曳并置入"扫描"命令的子级，如图9-74所示。

图9-74

04 添加背景。用"平面"命令 新建一个平面参数化模型，然后重命名为"砖墙背景"，并调整至合适的大小和位置，如图9-75所示。

图9-75

05 添加背景装饰。用"画笔"工具 在正视图中绘制样条线，样条线位置要有前有后，作为钢管的雏形，然后重命名为"钢管路径"，如图9-76所示。

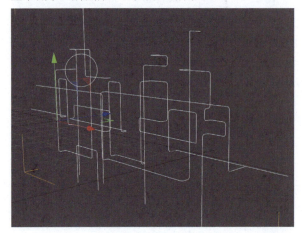

图9-76

06 用"圆环"命令 新建一条圆环参数化样条线，并将半径调整至合适大小，然后新建"扫描"命令，将圆环和"钢管路径"样条线拖曳使其成为"扫描"命令的子级，接着重命名为"钢管"，如图9-77所示。

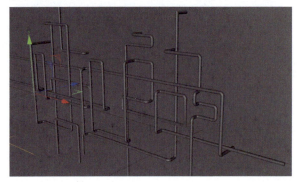

图9-77

07 用第5步绘制钢管路径的方法绘制钢管转角结构路径，然后新建"扫描"命令，并重命名为"钢管转角结构"，然后修改"顶端"为"圆角封顶"，"步幅"为"5"，"半径"为"1cm"，"末端"为"圆角封顶"，"步幅"为"5"，"半径"为"1cm"，并勾选"约束"选项，如图9-78所示。

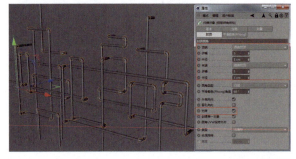

图9-78

08 将"活动标题"模型、"钢管"模型及"钢管转角结构"模型移动至合适位置，如图9-79所示。

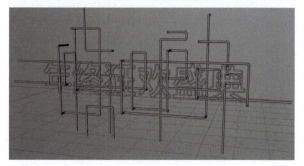

图9-79

09 添加文字底部装饰。用"矩形"命令 新建矩形样条线，并将其拖曳使其成为"挤压"命令的子级，做出立方体背景模型。用"圆环"命令 新建一条圆环参数化样条线，并将半径调整至合适大小，然后新建"扫描"命令，将圆环和矩形样条线拖曳至成为"扫描"命令的子级，最后将两个模型编组并重命名为"标牌背景"，如图9-80和图9-81所示。

图9-80   图9-81

10 使用"克隆"命令 ，新建如图9-82和图9-83所示的网格，然后重命名为"铁丝网格"。

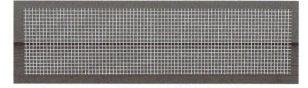

图9-82

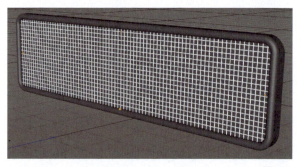

图9-83

11 用"文本"命令 新建文本参数化样条线，并添加"扫描"命令，然后重命名为"五折封顶"，如图9-84所示。

图9-84

12 将"标牌背景""铁丝网格"和"五折封顶"模型移动至合适位置，然后重命名为"活动标牌"，如图9-85所示。

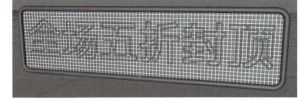

图9-85

13 将"活动标牌"模型移动至合适位置，如图9-86所示。

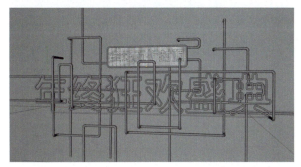

图9-86

14 **完善背景**。新建材质球，然后重命名为"活动标题材质"，将材质球拖曳给"活动标题"模型。在"发光"通道中修改"H"为"193°"，"S"为"60%"，"V"为"100%"。在"反射"通道中修改"GGX"为"普通，100%"，"默认高光"为"添加，100%"，"颜色"为"白色"，"亮度"为"56%"。在"辉光"通道中修改"颜色"为"青色"，"亮度"为"100%"，"内部强度"为"70%"，"外部强度"为"180%"，"半径"为"3cm"，"随机"为"0%"，"频率"为"1"，如图9-87~图9-89所示。

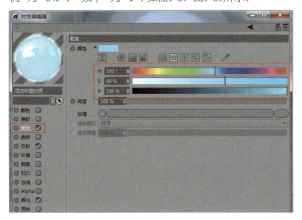

图9-87

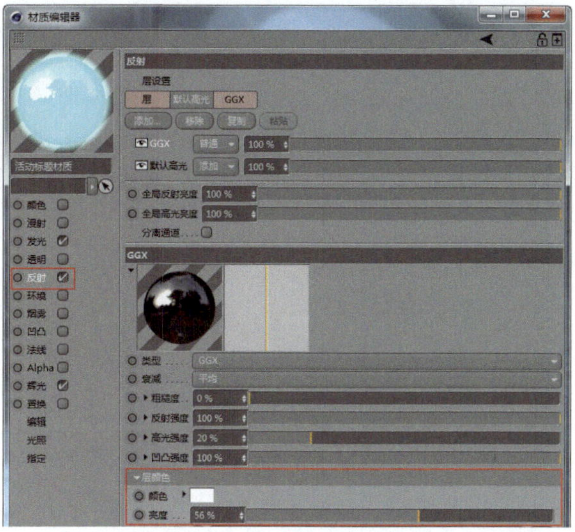

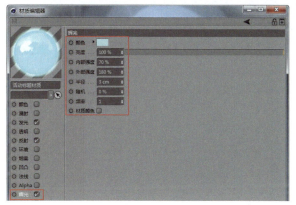

图9-88

图9-89

15 新建材质球，然后重命名为"砖墙背景材质"，将材质球拖曳给"砖墙背景"模型。在"颜色"通道中修改"H"为"236°"，"S"为"25%"，"V"为"11%"，"亮度"为"100%"，"纹理"为"砖墙素材"，"混合模式"为"标准"，"混合强度"为0%。勾选"反射"选项。在"反射"通道中保持默认设置状态。在"凹凸"通道中修改"强度"为"46%"，"视差补偿"为"0"，"视差采样"为"8"，并勾选"MIP衰减"选项，修改"纹理"为"砖墙纹理1"，如图9-90~图9-92所示。

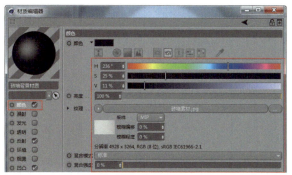

图9-90

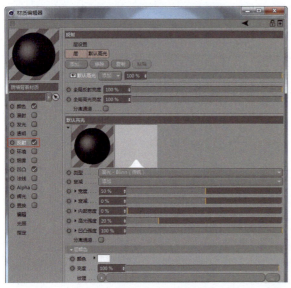

图9-91

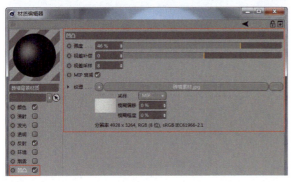

图9-92

16 新建材质球，并重命名为"钢管材质"，然后将材质球拖曳给"钢管""钢管转角结构""标牌背景"和"铁丝网格"模型。在"颜色"通道中修改"H"为"236°"，"S"为"0%"，"V"为"23%"。在"反射"通道中修改"类型"为"GGX"，"衰减"为"平均"，"粗糙度"为"2%"，"反射强度"为"60%"，"高光强度"为"29%"，"凹凸强度"为"100%"，"颜色"为"白色"，"亮度"为"44%"，如图9-93和图9-94所示。

图9-93

图9-94

17 新建材质球并重命名为"五折封顶材质"，将材质球拖曳给"五折封顶"模型。在"发光"通道中修改"H"为"67°"，"S"为"59%"，"V"为"100%"。在"反射"通道中修改"GGX"为"普通，100%"，"默认高光"为"添加，100%"，"全局反射亮度"为"100%"，"全局高光亮度"为"100%"，"类型"为"GGX"，"衰减"为"平均"，"粗糙度"为"0%"，"反射强度"为"100%"，"高光强度"为"20%"，"凹凸强度"为"100%"，"颜色"为"白色"，"亮度"为"56%"。在"辉光"通道中修改"颜色"为"黄色"，"亮度"为"100%"，"内部强度"为"70%"，"外部强度"为"180%"，"半径"为"3cm"，"随机"为"0"，"频率"为"1"，如图9-95~图9-97所示。

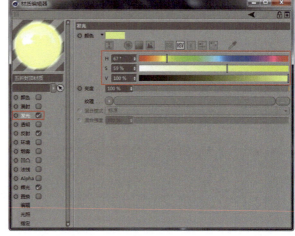

图9-95

图9-96

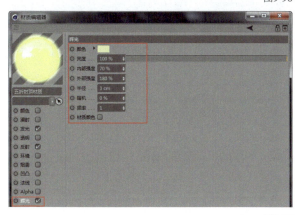

图9-97

18 新建4个平面，然后添加白色材质，如图9-98所示。

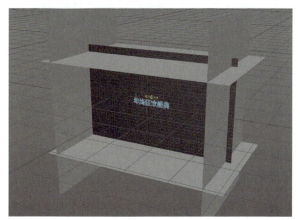

图9-98

19 添加区域光。 添加"区域光"命令 区域光 ，在"常规"选项卡中修改"H"为"0°"，"S"为"0"，"V"为"100%"，"强度"为"100%"，"类型"为"区域光"，"投影"为"区域"。在"细节"选项卡中修改"衰减"为

"平方倒数（物理精度）"，如图9-99和图9-100所示。

20 用"圆盘"命令 圆盘 新建一个圆盘参数化模型，并重命名为"反光板"，且适当调整位置，如图9-101所示。

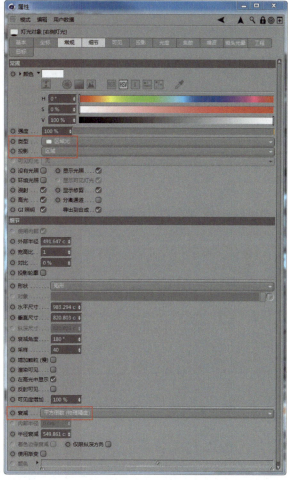

图9-99

图9-100   图9-101

21 新建材质球，并重命名为"反光板材质"，然后将材质球拖曳给"反光板"模型。在"发光"通道中修改"纹理"为"白色到黑色"的渐变效果。在"发光"通道中修改"H"为"67°"，"S"为"59%"，"V"为"100%"。在"反射"通道中修改"默认高光"为"添加，100%"，"全局反射亮度"为"100%"，"全局高光亮度"为"100%"，"类型"为"高光-Blinn（传统）"，"衰减"为"添加"，"宽度"为"50%"，"衰减"为"0"，"内部宽度"为"0"，"高光强度"

为 "20%"，"凹凸强度" 为 "100%"，"颜色" 为 "白色"，亮度为 "100%"。在 "Alpha" 通道中修改 "纹理" 为 "白色到黑色" 的渐变效果，如图9-102~图9-106所示。

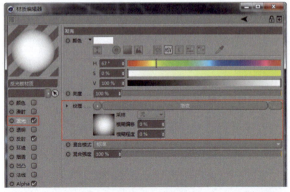

图9-102

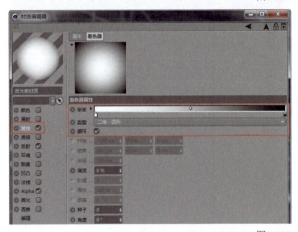

图9-103

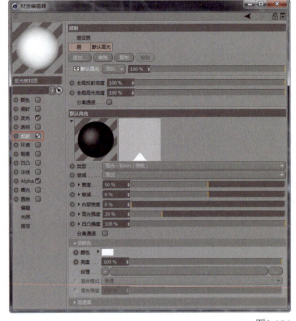

图9-104

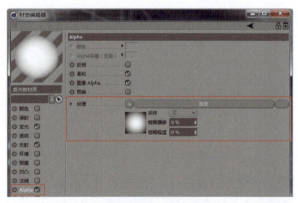

图9-105

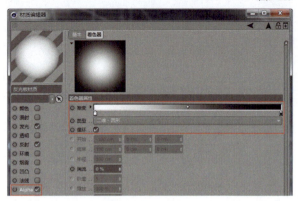

图9-106

22 在 "抗锯齿" 选项栏中设置 "抗锯齿" 为 "最佳"，"最小级别" 为 "1×1"，"最大级别" 为 "4×4"，"阈值" 为 "10%"，并勾选 "使用对象属性" 选项，如图9-107所示，最终渲染出的海报效果如图9-108所示。

图9-107

图9-108

第 *10* 章

店招的设计与安放

简单地说，店招就是店铺的招牌。店招位于店铺页面的顶端，是店铺中需要首先设计的区域，经常与导航栏连起来进行设计，并且统称为"页头"。通过店招，可以让顾客知道店铺卖的是什么产品，店铺的风格和定位大概什么样的。同时，在店招的基础上添加品牌LOGO，有利于提高店铺的识别度，并且打造出更清晰的品牌形象。

10.1 店招设计的规范与注意事项

一般来说，店铺的整个页头的高度为150像素，其中店招为120像素，导航栏为30像素，如图10-1所示。

图10-1

店招传递信息的作用是很明确的，无论在线上还是在线下，当顾客进入店铺时首先看到的就是店招信息。店招是展示店铺品牌的重要媒介，在设计过程中应包含以下3个方面的信息。

品牌信息：品牌信息通常通过品牌名称和品牌LOGO来表现。

店铺商品：通过有代表性的产品、模特进行展示。

价格信息：价格与产品定位息息相关。一般来说，高价位产品会通过高价值的视觉效果淡化价格信息，而低价位产品则以促销并强调低价等方式来吸引顾客。

图10-2所示为一个男装店铺的店招。这个店招重在展示品牌信息，品牌位于店招的左侧，较易引起人的注意。品牌名称使用了加粗字体，给人以厚重、安全和可信度高的感觉。在店招右侧展示产品，能让人一目了然地知道店铺所卖的产品是什么。

图10-2

图10-3所示为一个女鞋店铺的店招。这个店招风格上比较偏唯美，但没法让人清晰地知道所卖的产品是什么，也不易让人识别出这是什么品牌，这样的设计是不太理想的。

图10-3

10.2 店招的风格类型有哪些

店招是给客户第一印象的关键位置。对于顾客来说，店铺的定位、是否有优惠、核心产品是什么及主营什么宝贝都可以从店招中得知。产品的属性不同，店招的风格也是多种多样的，下面笔者给大家简单介绍一下。

10.2.1 品牌型

品牌型店招特点是产品品牌较强，店铺实力雄厚，如图10-4所示。在设计这类店招时，首先要考虑的是店铺LOGO的摆放，这也是品牌宣传较基本的内容；其次是"关注"按钮和"收藏"按钮的设置与摆放，通过对店铺关注人数和收藏人数等信息的展示，可以从侧面反映店铺实力；最后是搜索框等提升用户体验的内容的设置。

图10-4

10.2.2 活动促销型

活动促销型店招的特点是追求店铺活动、流量的集中增加，如图10-5所示。在这类店招的设计中，首先要考虑的是活动信息、活动时间或活动倒计时时间、优惠券、促销产品等信息的摆放方式；其次是搜索框、旺旺等直接涉及用户体验的内容的摆放；最后是店铺名、店铺LOGO等以品牌宣传为主的内容的摆放。

图10-5

小提示

要注意的是，对于此类型的店招，无论是氛围设计上，还是内容展现上，都要尽量突出活动信息，否则会让顾客对店铺信息的关注度大大降低。

10.2.3 产品推广型

产品推广型店招的特点是主要用于宣传店铺想要主推的产品，一般会包含一款或一款以上的主推产品，如图10-6所示。在这类店招的设计中，首先要考虑的是促销产品、优惠券及与之相关的活动等信息的摆放；其次是店铺名、店铺LOGO等以品牌宣传为主的内容的摆放；最后是搜索框等直接涉及用户体验的内容的摆放。

图10-6

实战：全屏店招的制作与安放

视频名称	全屏店招的制作与安放 .mp4
实例位置	实例文件 >CH10>01
技术掌握	文本 / 圆角矩形工具

本案例讲解的是一款活动促销型店招的制作。在设计时优惠券占了页面较大的空间。为了清晰塑造店铺形象，在设计中笔者选择在店招左侧放置店铺的LOGO。案例的最终效果如图10-7所示。

图10-7

1. 全屏店招的制作

因为店铺主营美食产品，所以笔者将能给人带来安全感受的绿色作为主色调，版面采用了左右的布局方式。为了清晰塑造店铺品牌形象，笔者将LOGO放置在画面的左侧，优惠券放置在右侧，并且占用较大的空间，如图10-8所示。

图10-8

01 **新建文件**。启动Photoshop，执行"文件>新建"命令，在弹出的"新建"对话框中设置"名称"为"店招"，"宽度"为"1920像素"，"高度"为"120像素"，"分辨率"为"72像素/英寸"，之后单击"确定"按钮，完成新建，如图10-9所示。

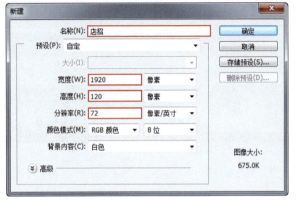

图10-9

02 **填充底色**。在工具箱下方设置前景色为浅绿色（R:241，G:254，B:249），并按快捷键Alt+Delete填充颜色，如图10-10所示。

图10-10

03 **新建辅助线**。执行"视图>新建参考线"命令，新建两条竖直的参考线，设置其位置分别为"485px"和"1435px"，如图10-11所示。

图10-11

04 **添加LOGO**。执行"文件>打开"命令，打开"LOGO"素材图片，然后按快捷键Ctrl+T执行"自由变换"命令，调整素材至画面左侧且靠近辅助线的位置，如图10-12所示。

图10-12

05 **添加"关注"按钮**。选择"圆角矩形工具" ，在选项栏中设置"填充"为红色（R:198，G:50，B:25），"描边"为"无"，"半径"为"10像素"，如图10-13所示。在LOGO下方绘制一个圆角矩形，并输入"加关注"字样，设置"字体"为"思源黑体 Regular"，"颜色"为白色（R:255，G:255，B:255），如图10-14所示。选择"自定形状工具" ，在选项栏中设置"工具模式"为"形状"，"填充"为红色（R:198，G:50，B:25），之后在"形状"中选择"红心形卡"，最后将所有元素调整至如图10-15所示的效果。

图10-13

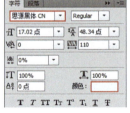

图10-14 　　　　　　　　　　图10-15

06 **设置优惠券**。选择"横排文字工具" ，在选项栏中设置"字体"为"Academy Engraved"，"颜色"为绿色（R:4，G:143，B:105），然后在画布中输入"10"字样和"¥"符号，并做适当调整，如图10-16和图10-17所示。

图10-16

图10-17

07 继续选择"横排文字工具" ，在选项栏中设置"字体"为"思源黑体 Regular"，"颜色"为绿色（R:4，G:143，B:105），如图10-18所示。在画布中单击并输入"优惠券"和"单笔满99元可用"字样，并对其位置做适当调整，如图10-19所示。

图10-18

图10-19

08 将上一步刚刚绘制好的优惠券复制两份，然后分别修改优惠券的面值数字为"20"和"50"，然后整体调整优惠券的大小和位置，如图10-20所示。

图10-20

09 添加店铺"收藏"按钮和一些装饰元素。执行"文件>打开"命令，打开装饰素材图片。将店铺"收藏"按钮和装饰素材调入文件，并做统一修改和调整，然后放置到画布中的合适位置，如图10-21所示。

图10-21

2. 全屏店招的安放

对于设计好的店招，我们该如何将其安放到店铺中，并实现全屏展示的效果呢？这里笔者给大家讲解一下。

相比于专业版店铺来说，因为基础版店铺是没有页头背景的，所以在装修的时候笔者需要借助一个第三方的软件来实现全屏店招的安放。

（1）基础版全屏店招的安放

01 **分割店招**。单击工具箱中的"裁剪工具" ，在选项栏中设置"宽度"为"950"，"高度"为"120"，然后按Enter键进行裁剪，如图10-22所示。

图10-22

02 **保存分割好的店招**。执行"文件>存储为Web所用格式"命令，如图10-23所示。在弹出的对话框右侧设置"存储格式"为"JPEG"，"品质"为"80"，如图10-24所示。单击对话框中的"存储"命令，在弹出的新的对话框中设置"文件名"为"店招"，"格式"为"仅限图像"，完成保存，如图10-25所示（这里需要使用同样的方法，将裁剪前的图像也保存一下）。

图10-23

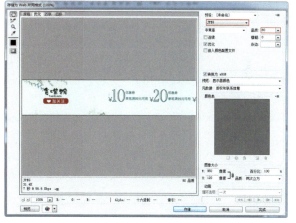

图10-24

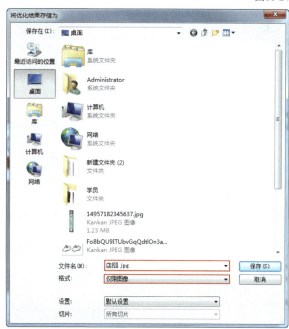

图10-25

03 登录淘宝网。打开淘宝网，单击"卖家中心"选项，如图10-26所示。输入账号和密码，单击"登录"按钮，登录网站，如图10-27所示。

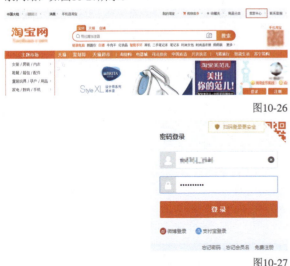

图10-26

图10-27

04 管理图片。因为基础版店铺页头是不允许上传背景图的，所以笔者需要借助一款软件，即"传奇美工助手"。启动该软件后，执行"基础特效>其他模块>店招全屏"命令，如图10-28所示。设置"店招高度"为"120"，"导航高度"为"30"，"背景偏移"为"500"，"导航偏移"为"500"，如图10-29所示。

图10-28

图10-29

05 在打开的页面中单击"店铺管理"一栏下方的"图片空间"选项，如图10-30所示。进入"图片空间"页面。在页面中单击"复制代码"按钮，将图片链接复制，如图10-31所示。将复制的链接粘贴到软件中的"店招代码"的位置，如图10-32所示。之后按照同样的方法复制背景地址，并将其粘贴到"页头背景图"的位置，同时适当设置参数，如图10-33所示。

图10-30

图10-31

图10-32

图10-33

06 进入店铺装修页面。在打开的页面中单击"店铺管理"一栏下方的"店铺装修"选项，进入"店铺装修"页面，如图10-34所示。

图10-34

07 进入编辑状态。 在打开的页面中单击店招右上方的 "编辑"按钮，如图10-35所示。单击"自定义招牌"按钮，并单击"源码"按钮。之后将复制的店招代码粘贴进来，并设置"高度"为"150px"，最后单击"保存"按钮进行保存，如图10-36所示

图10-35

图10-36

08 单击并复制导航代码，将复制的代码放到装修后台的 "导航"页面的"显示设置"一栏的下方，如图10-37所示。

图10-37

（2）专业版全屏店招的安放

01 分割店招。 单击工具箱中的"裁剪工具" ，在选项栏中设置"宽度"为"950"，"高度"为"120"，如图10-38和图10-39所示，然后按Enter键进行裁剪，如图10-40所示。

图10-38

图10-39

图10-40

02 保存分割好的店招。 在菜单栏中执行"文件 > 存储为Web所用格式"命令，如图10-41所示。在弹出的对话框右侧设置"存储格式"为"JPEG"，"品质"为"80"，如图10-42所示。单击对话框下方的"存储"命令，在弹出的对话框中设置"文件名"为"店招"，"格式"为"仅限图像"，之后单击"确定"按钮，完成保存，如图10-43所示（这里需要使用同样的方法，将裁剪前的图像也保存一下）。

图10-41

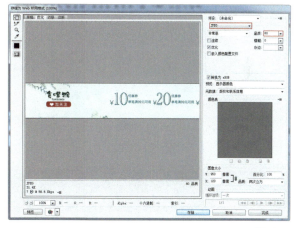

图10-42

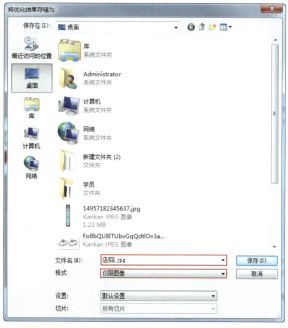

图10-43

03 **登录淘宝网**。打开淘宝网，在网页右上方单击"卖家中心"选项，如图10-44所示。在登录对话框中输入账号和密码，单击"登录"按钮，登录网站，如图10-45所示。

图10-44

图10-45

04 **进入店铺装修页面**。在登录了网站之后，单击页面中的"店铺管理"一栏中的"店铺装修"选项，进入"店铺装修"页面，如图10-46和图10-47所示。

图10-46

图10-47

05 **进入编辑状态**。在打开的页面右上方单击"编辑"按钮，如图10-48所示。在"店铺招牌"页面中选择"自定义招牌"选项，再单击"插入图片空间"按钮，如图10-49所示。在打开的页面中的"上传新图片"一栏下方单击"添加图片"按钮，之后选择保存的图片并上传，如图10-50所示。上传成功后，在页面中单击"插入"按钮，将上传好的图片插入进去，如图10-51所示。单击"保存"按钮，对图片进行保存，如图10-52所示。

图10-48

图10-49

图10-50

图10-51

图10-52

06 **上传页头背景。** 在装修页面中，单击左侧的"页头"选项，然后单击页面中的"更换图片"按钮，如图10-53所示。在弹出的对话框中选择并打开页头文件。这样，页头背景就上传成功了，如图10-54所示。

图10-53

图10-54

07 在"背景显示"一栏中单击"不平铺"选项，然后在"背景对齐"一栏中选择"居中"选项，设置完成后单击"应用到所有页面"选项，即可完成专业版店招的上传与安放，如图10-55和图10-56所示。

图10-55

图10-56

更多店招案例效果如图10-57~图10-60所示。

图10-57

图10-58

图10-59

拓展练习：制作一个服装店铺的店招

制作好的服装店铺的店招效果如图10-60所示。

图10-60

第 *11* 章

导航栏设计

在电商设计中，导航栏存在的价值就如同商场楼层悬挂的指示牌和分类牌一样，主要是方便顾客快速找寻到想要的商品，优化顾客的购物路径，并提升店铺的访问深度。

11.1 导航栏常见类型

在电商设计中，按显示方式划分，常见的导航栏类型有隐形导航栏、半隐形导航栏和显性导航栏；按位置划分，常见的导航栏类型有页头导航栏和页尾导航栏。

11.1.1 按显示方式划分

1. 隐形导航栏

隐形导航栏是指很多分类信息隐藏在一个标题下，只有鼠标指针指向这个标题时，才会显示标题下的产品分类信息的导航栏。当店铺的分类信息过多、过细，导航栏信息不能完整展现时，采用隐形导航栏的形式展示内容无疑是比较好的选择，如图11-1所示。

图11-1

2. 半隐形导航栏

半隐形导航栏是指当店铺内分类较多时，分出几大主类信息进行展示的导航栏。这种导航栏能够展现店铺内商品的主要构成，并且从功能上讲，它具有提示和导购作用，如图11-2所示。

图11-2

3. 显性导航栏

显性导航栏注重分类信息大而全，往往会占据很大的空间，一般出现在首页活动区的下方或页尾的上方位置，如图11-3所示。

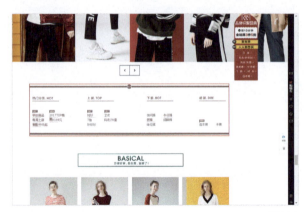

图11-3

11.1.2 按位置划分

1. 页头导航栏

页头导航栏是将店铺招牌和导航栏做到一起，注重精华，展示主要内容，放置于店招下方，如图11-4所示。

图11-4

2. 页尾导航栏

页尾导航栏是放在页面尾部的导航栏，主要功能是补充说明或对重点内容做二次展示，如旺旺客服或邮寄说明等，如图11-5所示。

图11-5

11.2 导航栏的宝贝分类与管理设置

导航栏的每个宝贝类别的链接是需要我们自己去设置的，下面我就详细地讲解一下如何设置分类。

✎ 设置流程

01 登录淘宝网。 进入"淘宝网"页面，在页面右上方单击"卖家中心"选项，如图11-6所示。在打开的页面中输入账号和密码，单击"登录"按钮，登录淘宝网，如图11-7所示。

图11-6

图11-7

02 打开"**分类管理**"页面。在上一步操作完成后打开的页面中单击"店铺管理"一栏中的"宝贝分类管理"选项，如图11-8所示。进入"分类管理"页面，如图11-9所示。

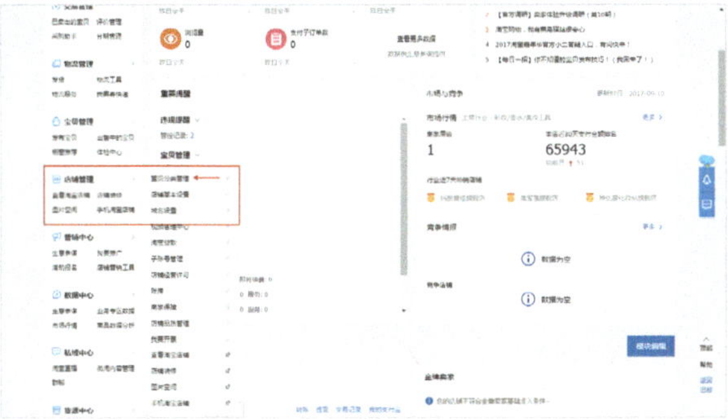

图11-8

图11-9

03 添加分类。在"分类管理"页面中，我们可以根据需要选择"添加手工分类"选项或"添加自动分类"选项来对宝贝进行分类和管理操作。这里，我们以"添加手工分类"为例。单击"添加手工分类"选项，在显示出的编辑栏中输入分类名称为"面膜专区"，设置完成后单击右上角的"保存更改"按钮，进行保存，如图11-10所示。

图11-10

04 设置宝贝分类。在"分类管理"页面的左侧依次单击"宝贝管理""全部宝贝"选项，此时页面中会出现店铺内所有的宝贝。在页面偏右侧位置单击"添加分类"按钮，在弹出的下拉菜单中选择要添加的分类，完成操作，如图11-11所示。

图11-11

实战：制作护肤品店铺的页头导航栏

视频名称	制作护肤品店铺的页头导航栏 .mp4
文件位置	实例文件 >CH11>01
技术掌握	矩形 / 文本工具

这里我们要设计的是一个化妆品店铺的页头导航栏。导航栏的配色遵循店招的风格，采用的也是绿色调，不过为了和店招做区分，具体设计时选用的是深绿色，效果如图11-12所示。

图11-12

✎ **操作流程**

01 **打开文件**。执行"文件>打开"命令，打开店招素材，如图11-13所示。

图11-13

02 **增加画布高度**。执行"图像>画布大小"命令，在弹出的"画布大小"对话框中设置"高度"为"150像素"，"宽度"保持不变，并在"定位"一栏中单击选择"↑"箭头，如图11-14所示。

03 **设置矩形框**。执行"视图>新建参考线"命令，在弹出的对话框中选择"水平"选项，设置"位置"为"120px"，确认操作，完成新建，如图11-15所示。选择"矩形工具" ▣，在选项栏中设置"颜色"为绿色（R:48，G:126，B:107），然后在店招下方绘制一个矩形，如图11-16所示。

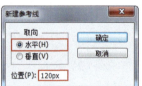

图11-14   图11-15

图11-16

04 **添加文字**。选择"横排文字工具" T，在选项栏中设置"字体"为"思源黑体 Regular"，"颜色"为白色，如图11-17所示。在画布中分别单击并输入"首页有惊喜""所有宝贝""新品上新""护肤专区"和"面膜专区"字样，然后将其对齐，并适当调整文本与文本的间距，操作完成，如图11-18所示。

图11-17

图11-18

实战：**制作装饰灯店铺的页尾导航栏**

视频名称	制作装饰灯店铺的页尾导航栏.mp4
文件位置	实例源 >CH11>02
技术掌握	文本 / 自定形状工具

页尾导航栏可以在顾客浏览到页面底部的时候对店铺内的重要内容进行二次展示，同时也方便顾客找到自己所想要的产品，如图11-19所示。

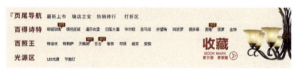

图11-19

01 **新建文件**。执行"文件>新建"命令，在打开的"新建"对话框中设置"名称"为"页尾导航"，"宽度"为"950像素"，"高度"为"200像素"，"分辨率"为"72像素/英寸"，确认操作并完成新建，如图11-20所示。

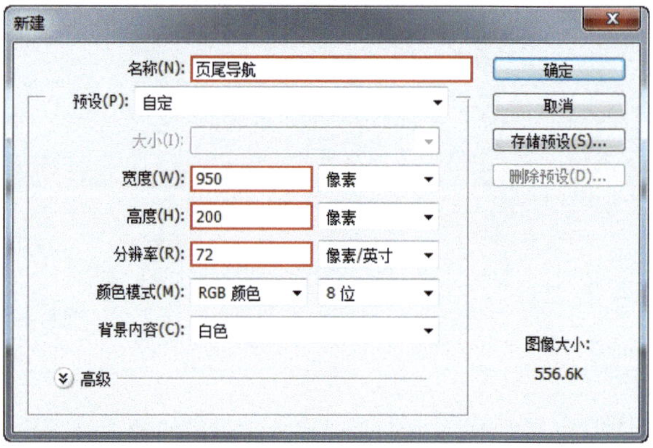

图11-20

02 **填充底色**。在工具箱下方设置前景色为浅黄色（R:249，G:236，B:219），然后按快捷键Alt+Delete填充前景色，如图11-21所示。

图11-21

03 **添加主标题**。在工具箱里选择"横排文字工具" T，在选项栏中设置"字体"为"思源黑体Bold"，"颜色"为红色（R:142，G:4，B:4），如图11-22所示。然后在画布中单击并输入"『页尾导航"字样。之后按同样的方法输入其他文字，如图11-23所示。

图11-22

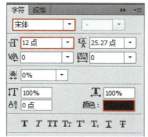

图11-23

04 添加副标题。继续选择"横排文字工具" T，在选项栏中设置"字体"为"思源黑体 Regular"，"颜色"为黑色，如图11-24所示。然后在画布中单击并输入"最新上市"字样。之后按照同样的方法输入其他文字，如图11-25所示。

图11-24

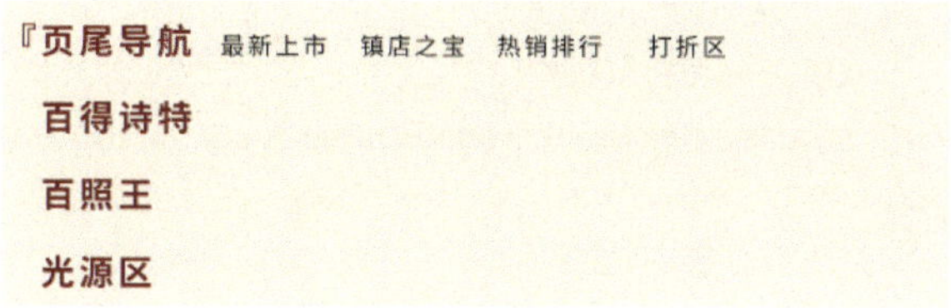

『页尾导航 最新上市 镇店之宝 热销排行 打折区
百得诗特
百照王
光源区

图11-25

05 添加细节文案。在工具箱里选择"横排文字工具" T，在选项栏中设置"字体"为"宋体"，"颜色"为灰黑色（R:56，G:52，B:52），"字体大小"为"12点"，如图11-26所示。然后在画布中单击并输入"耶诞玫瑰"字样。选择文字，单击右键，将文字样式设置为"无"，之后按同样的方法输入其他文字。最后为一些主推产品添加"HOT"图标，如图11-27所示。

图11-26

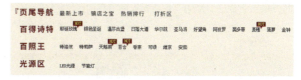

图11-27

06 添加店铺"收藏"按钮。我直接调入了之前做好的店铺"收藏"按钮文字素材，将其放置在画面的右下角，选择"自定形状工具" ，然后设置"填充"为"无"，"描边"为深红色（R:56，G:52，B:52），"形状"为"前进"，如图11-28所示。之后在文字的右侧绘制一个"前进"图标，如图11-29所示。

图11-28

图11-29

07 添加装饰。为了避免全是文字给人造成的视觉疲劳，这里我们利用"灯"元素丰富画面，同时也点明主题。在菜单栏中执行"文件>打开"命令，打开"灯具"素材，将素材调入画面，并调整到合适位置，如图11-30所示。

图11-30

实战：通过 CSS 代码修改导航栏

视频名称	通过 CSS 代码修改导航栏 .mp4
文件位置	实例文件 >CH11>03
技术掌握	CSS 代码

通常情况下，我们在淘宝中看到一些店铺的导航都是系统自带的，但倘若能够通过修改导航的颜色来实现导航的个性化，不失为一种好的选择，如图11-31所示。

图11-31

01 进入"淘宝网"页面，然后在页面右上方单击"卖家中心"选项，如图11-32所示。在打开的页面中输入账号和密码，单击"登录"按钮，登录淘宝网，如图11-33所示。

图11-32

图11-33

02 在打开的页面中的"店铺管理"一栏下方单击"店铺装修"选项，进入"店铺装修"页面，如图11-34所示。

图11-34

03 进入编辑状态。在打开的页面的导航的右上方单击"编辑"按钮 ✎编辑，打开"导航"设置框，如图11-35所示。在"导航"设置框中单击"显示设置"按钮 显示设置，如图11-36所示。之后将设置好的CSS导航代码复制，并粘贴到"显示设置"选项卡下方的编辑窗口中，如图11-37所示。

图11-35

图11-36

图11-37

04 解析导航代码。想要掌握自定义CSS，就要先搞懂什么是自定义CSS。CSS也称层叠样式表，是用于控制网页样式并允许将样式信息与网页内容分类的一种标记语言。店铺导航开放CSS设定，就是让卖家可以通过CSS来制作丰富的导航样式。下面提供了一些常用的导航修改代码。

/* 导航条背景色*/

.skin-box-bd .menu-list{background: none repeat scroll 0 0 #00ad08;}

/*首页/店铺动态背景色*/

.skin-box-bd .menu-list .link{background: none repeat scroll 0 0 #00ad08;}

/*首页/店铺动态右边线*/

.skin-box-bd .menu-list .menu{border-right:1px #006205 solid;}

/*首页/店铺动态文字颜色*/

.skin-box-bd .menu-list .menu .title{color:#ff0000}

/*所有分类背景色*/

.all-cats .link{background: none repeat scroll 0 0 #00ad08;}

/*所有分类右边线*/

.all-cats .link{border-right:1px #006205 solid;}

/*所有分类文字颜色*/

.skin-box-bd .all-cats .title{color:#ff0000}

拓展练习：制作一个服装店铺页头导航栏

制作好的服装店铺页头导航栏效果如图11-38所示。

图11-38

第 *12* 章

海报设计

电商海报是目前网店宣传的一种方式。在淘宝中，网店可以通过海报将自己的产品信息以一种特定的视觉方式传递给顾客，使顾客可以对店铺产品有一个简单的了解，进而对产品产生更多的关注，并决定购买。

12.1 电商海报的意义

一张好的电商海报对于电商品牌来说会有诸多影响和好处，它一是能清晰传达产品信息，二是能增强画面艺术表现力，三是能增加画面的趣味。

12.1.1 传达产品信息

在电商海报设计中，传达产品信息是最主要的目的，海报与文字一样，在电商页面中起着传递信息的作用，如图12-1所示。

图12-1

12.1.2 增强画面艺术表现力

电商海报是提升产品信息传达效率的重要工具，因此图形的形态结构会直接影响信息传达的效果。同时，具有较高视觉美感的电商海报更容易引发顾客心理的共鸣，增强画面艺术感，轻松地促使浏览者接收所传达的信息，如图12-2所示。

图12-2

12.1.3 增加画面趣味

如果一个页面本身的内容还不够丰富，那么使用电商海报图可以起到充实页面的作用，且让产品信息能够得到更多更丰富的表现，使页面焕发活力，且更加具有趣味，如图12-3所示。

图12-3

12.2 电商海报的常用版式

电商海报的常用版式包括以下5种，即左文右图/左图右文、左右产品且中间文案、居中构图、三角构图和S/Z形构图。

12.2.1 左文右图 / 左图右文

左文右图/左图右文的排版方式让图片、文案呈两边分布和摆放，属于比较容易操作的一种版式，如图12-4所示。

设计要点：在文案排版上，一定要突出重点。

优点：简洁，符合大众审美，且易操作，出图快。

缺点：用得不好容易给人以平庸，没有创新的印象。

图12-4

12.2.2 左右产品，中间文案

在左右产品，中间文案的排版方式中图片以不同大小、位置摆放，形成空间感，适合多个产品组合或含有多种颜色的产品海报的设计，如图12-5所示。

设计要点：前面的产品一定要比后面的大，用于塑造画面的层次感。

优点：可以突出文案内容，同时展示多个产品。

缺点：对产品的大小、位置把握不准的话，容易导致整张图失去重点。

图12-5

12.2.3 居中构图

产品和文案等重要内容放在中心线上，如图12-6所示。

设计要点：一定要把控画面的中心线，否则整个画面会失去平衡。

优点：凸显简洁、大方和高贵。

缺点：常见，易给人以平庸感，满足不了一些特定运营要求中的创新要求。

图12-6

12.2.4 三角构图

以三角形的基本形状进行构图，画面视觉上具有较强的稳定性。可以为正三角，也可以为斜三角或倒三角，如图12-7所示。

设计要点：整体版式要遵循一个三角形的样式。

优点：稳定、均衡且不死板。

缺点：并不是所有的商品都适合用这种排版方式，使用不当容易导致产品不够清晰醒目，而且容易使画面失衡。

图12-7

12.2.5 S/Z 形构图

产品或文案呈S或Z形排布，画面的韵律感较强，且整体让人感觉很舒服，如图12-8所示。

设计要点：需要提前把要做的效果规划好，不然画面会很凌乱。

优点：具有延伸、变化的特点，使画面看上去有韵律感，给人以优美、雅致和协调的感觉。

缺点：操作难度系数较大，做得不好容易产生乱的效果。

图12-8

12.3 电商海报的设计要点

电商海报的设计要点包含以下4个，即主题突出、风格明确、构图合理和细节完善。

12.3.1 主题突出

简单地说，这里所谓的"主题突出"就是能让顾客从海报中一眼就知道你想要表现的是什么，是优惠活动，还是商品特色。一般主题会放在海报的第一视觉中心，而且主题文字要求简洁干练，如图12-9所示。

图12-9

12.3.2 风格明确

风格其实就是设计作品给人的某种感觉，是小清新，还是文艺范，是古典风，还是甜美风等。一般风格既可以根据产品属性来定，又可以根据季节、节日等其他因素来定。此外，海报的风格要和整个店铺风格相协调、统一才行，如图12-10所示。

图12-10

12.3.3 构图合理

这里所说的构图其实就是指海报的排版。合理的构图可以让海报主题突出，同时让画面看着更加明朗清晰，进而让产品信息表达得更清楚，且让产品效果也表现得更充分，如图12-11所示。

图12-11

12.3.4 细节完善

所谓"细节决定成败"。做设计时我们同样需要关注细节。在海报设计中我们需要注意的细节其实有很多。例如"购买"入口的引导，为了丰富画面所添加的一些装饰元素，这些都是属于细节优化方面的内容，如图12-12所示。

图12-12

实战：简约海报的制作与安放

视频名称	简约海报的制作与安放 .mp4
实例位置	素材文件 >CH12
技术掌握	投影的制作、椭圆选框 / 文本工具

这是一张吸尘器产品海报。画面中采用了地板元素，给人一种代入感，让人很容易想象到它在实际应用中的场景；采用左文右图的版式，这是较简单也较容易掌握的一种排版方式，显得简洁，符合大众审美，并且出图快。效果如图12-13所示。

图12-13

01 新建文件。执行"文件>新建"命令，在打开的"新建"对话框中设置"名称"为"简约海报"，"宽度"为"1920像素"，"高度"为"600像素"，"分辨率"为"72像素/英寸"，如图12-14所示。

图12-14

02 调入背景。因为吸尘器是用在室内的，因此为了给顾客营造一种更加贴近生活且更加真实的感觉，所以采用了地板作为背景图。执行"文件>打开"命令，打开"地板"素材图片，然后将其调入画面，并将其沿着画布底部摆放，如图12-15所示。

图12-15

03 新建参考线。执行"视图>新建参考线"命令，在弹出的对话框中选择"垂直"选项，分别设置一条"位置"为"485px"的参考线和一条"位置"为"1435px"的参考线，如图12-16和图12-17所示。之后确认，完成新建操作，如图12-18所示。

 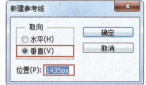

图12-16   图12-17

图12-18

04 **添加商品。** 执行"文件>打开"命令，打开"商品"素材，将其调入画面。在这里，我们准备采用左文右图的排版方式，所以把商品放到了画布的右侧位置，如图12-19所示。

图12-19

05 **添加阴影。** 在上一步完成了之后，发现画面效果有些生硬，因此想要给产品添加一些阴影效果，使其显得更真实。在"图层"面板下方单击"创建新图层"按钮 ◧，在商品图层下方新建一个空白图层，然后选择"椭圆选框工具" ○，在商品下方绘制一个椭圆，并填充为"黑色"，同时将图层命名为"黑色阴影"，如图12-20所示。

图12-20

06 选中"黑色阴影"图层，在菜单栏中执行"滤镜>模糊>高斯模糊"命令，然后在打开的"高斯模糊"对话框中设置"半径"为"23.7像素"，如图12-21所示，适当对黑色阴影进行模糊处理，同时适当降低其透明度，使其变得更加柔和和真实，如图12-22所示。

图12-21

图12-22

07 **添加主标题。** 在工具箱中选择"横排文字工具" T，然后在选项栏中设置"字体"为"思源黑体Bold"，"颜色"为黑色（R:105，G:103，B:103），然后在画布中单击并输入"生活是用来享受的"字样。之后按照同样的方法制作"时尚简约大气"字样，并适当调整字体的大小等样式，如图12-23所示。

图12-23

08 **添加副标题。** 继续选择"横排文字工具" T，在选项栏中设置"字体"为"华康宋体W5"，"颜色"为灰色（R:105，G:103，B:103），然后在画布中单击并输入文字，适当调整字体的大小等样式，如图12-24所示。

图12-24

09 **添加点缀文案。** 继续选择"横排文字工具" T，然后在画布中输入"家用吸尘器"字样，设置"字体"为"思源黑体ExtraLight"，"颜色"为浅灰色（R:105，G:103，

B:103），如图12-25所示。

图12-25

10 选择"矩形工具" ▣ ，然后设置"填充"为灰黑色
（R:94，G:92，B:92），如图12-26所示。在英文字体的下
方绘制一个矩形框，然后选择"横排文字工具" Ｔ ，然
后输入"立即购买"字样，如图12-27所示。使用"矩形
工具" ▣ 绘制一个矩形，然后填充为红色（R:255，G:1，
B:0），并移动到文案中的合适位置。

图12-26

图12-27

11 添加装饰元素。在菜单栏中执行"文件>打开"命令，
打开"装饰素材"素材，然后将其调入画面，并将其调整
到合适大小和位置，操作完成，如图12-28所示。

图12-28

12 保存图片。在菜单栏中执行"文件>存储为Web所用
格式"命令，如图12-29所示。在弹出的对话框右侧设
置"存储格式"为"JPEG"，"品质"为"80"，设置
完成后确认存储操作，如图12-30所示。在弹出的对话框
中设置"格式"为"仅限图像"，即可完成存储，如图
12-31所示。

图12-29

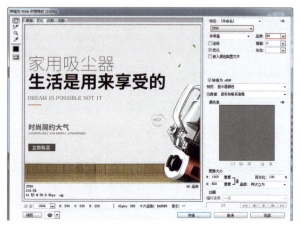

图12-30

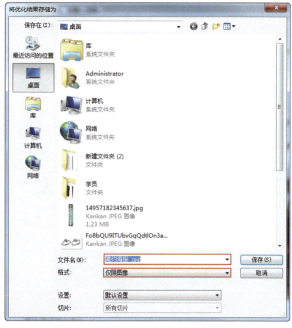

图12-31

13 **登录淘宝网**。进入淘宝首页，单击"卖家中心"选项，如图12-32所示。输入账号和密码，登录淘宝网页，如图12-33所示。

图12-32

图12-33

14 **进入图片空间**。在打开的页面中单击"店铺管理"一栏中的"图片空间"选项，进入"图片管理"页面，如图12-34所示。单击下面的"复制链接"按钮，将图片链接复制，如图12-35所示。

图12-34

图12-35

15 **全屏装修**。在淘宝装修后台中，淘宝默认是不让我们全屏装修的，所以若要以全屏形式装修海报的话，需要借助一款软件，即"传奇美工助手"来完成。启动该软件，选

择软件中的"通用全屏"功能，然后将复制的链接粘贴到图片地址框中，生成并复制链接，如图12-36所示。

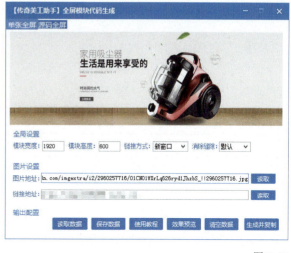

图12-36

16 当将上一步操作完成之后，进入店铺装修页面，这时候我们从左侧栏拖曳一个"自定义内容"模块到页面中，如图12-37所示。单击页面右上角的"编辑"按钮，在打开的页面中设置"显示标题"为"不显示"，同时勾选"编辑源代码"复选框，将刚刚生成的代码粘贴到里面去，如图12-38所示。最后确认，完成全屏装修，如图12-39所示。

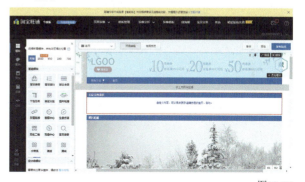

图12-37

图12-38

图12-39

制作一张服装店铺的海报

制作好的服装店铺的海报效果如图12-40所示。

图12-40

第 *13* 章

宝贝陈列区设计

商品陈列区是指网页上以产品为主体，有规律地进行产品摆设和展示的区域，是一个能达到美化店面的目的、刺激消费者购买欲望，以及提高店铺销售效率的重要宣传窗口。

13.1 宝贝陈列区设计的要点

宝贝陈列区设计的要点包含以下3个，即直截了当、重点突出和整体统一。

13.1.1 直截了当

在对产品图进行集中性地陈列时，首先要注意的问题就是避免杂乱。在设计前，应在产品的陈列数量上进行合理规划，太多的产品直接堆放在一起进行展示，很难让顾客有一一浏览下去的欲望，而产品太少，又会显得店铺氛围太过冷清。

产品可按分类进行多个展示，如此可以让页面信息层次更清晰，也避免扰乱顾客的视觉，使顾客在短时间内找到自己所需的产品。

图13-1所示的宝贝陈列页面背景统一，没有多余的装饰物，可以让顾客第一时间了解产品。在产品图的下方加了一些产品的属性信息和可引导点击的按钮，而且排列有序，整体看起来简约大方。

图13-1

13.1.2 重点突出

在同一个模块中，如果有需要特别表现的产品，可以将陈列方式稍做调整，设计出有主有次的展示模块。设计方法是先将其中一件产品放大展示，然后将同一个模块的其他产品做等比例展示，等比例展示产品比放大展示的产品尺寸要小。

图13-2所示的第1个产品大于其他展示产品，并且

还加了边框，既起到了视觉引导的作用，又起到了突出产品的作用。

图13-2

13.1.3 整体统一

在产品展示中，整齐和统一的宝贝陈列页面能让顾客感觉赏心悦目，在具体处理上，不仅要求产品属性统一，而且要求装饰元素统一。

图13-3所示的产品都是男式风衣，只有款式、颜色和各自的价格不相同，体现了整齐统一、舒适干净的特点。

图13-3

13.2 "宝贝推荐"模块的设置方法

宝贝推荐模块是官方给我们提供的一种推荐店铺宝贝的模块，它可以直接自动调用店铺的宝贝数据，优点是操作简单方便，缺点是样式单一，不能自定

义。下面给大家分享一下宝贝推荐模块的设置方法。

登录淘宝网。打开淘宝，单击"卖家中心"选项，进入"卖家中心"页面，如图13-4所示。输入账号和密码，单击"登录"按钮，登录网站，如图13-5所示。

图13-4

图13-5

单击页面中的"店铺管理"选项栏下方的"店铺装修"选项，进入"店铺装修"页面，如图13-6所示。

图13-6

在页面左侧的模块列表中，单击选择"宝贝推荐"模块，同时按住鼠标左键不松手，将其拖曳至页面中，如图13-7所示。

图13-7

将鼠标指针放到宝贝推荐模块上，单击右上角的"编辑"按钮 ✎编辑，打开"宝贝推荐"对话框，如图13-8所示。

图13-8

选择"自动推荐"选项，同时在"自动推荐排序"选项栏中选择"人气指数"选项（即根据人气指数进行宝贝推荐），设置完成后保存，如图13-9所示。

图13-9

如果选择"手工推荐"，则会默认把店铺内所有的宝贝都显示出来，我们单击"推荐"按钮 推荐，即可对想要推荐的宝贝进行推荐，如图13-10所示。

图13-10

最后是设置显示方式。选择"电脑端显示设置"选项卡，然后在选项卡里设置要展示的宝贝数量和标题信息等，如图13-11所示。

图13-11

实战：制作茶叶自定义陈列区页面

视频名称	制作茶叶自定义陈列区页面.mp4
文件位置	实例文件>CH13
技术掌握	描边 / 直线工具 / 渐变工具 / 文本工具

自定义陈列区是手动设计的宝贝展示区，优点是可以自定义各种效果和样式，缺点是相比直接使用推荐模块来说，会比较费时间，制作好的自定义陈列区效果如图13-12所示。

图13-12

✎ **操作步骤**

01 新建文件。 启动Photoshop，执行"文件>新建"命令，在打开的"新建"对话框中设置"名称"为"宝贝展示"，"宽度"为"1920像素"，"高度"为"1300像素"，"分辨率"为"72像素/英寸"，如图13-13所示。

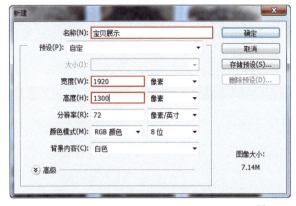

图13-13

02 调入背景。 这次要设计的是一个茶叶店铺，为了烘托店铺古色古香的氛围，执行"文件>打开"命令，打开"宣纸"素材，然后置入画面，如图13-14所示。

03 添加标题。 执行"文件>打开"命令，打开"云"素材，放置到画面中，以在丰富画面的同时，让氛围更加浓烈，如图13-15所示。

图13-14　　　　　　　　　　　　图13-15

04 在工具箱中选择"横排文字工具" T.，在选项栏中设置"字体"为"华康宋体W5"，"颜色"为红褐色（R:95，G:75，B:78），如图13-16所示。在画布中单击并输入"热销产品"字样，然后按照同样的方法输入"Hot Products"英文字样，同时调整其大小，并根据需要选择合适的字体进行搭配，如图13-17所示。

图13-16

图13-17

05 添加商品信息。 执行"文件>打开"命令，然后打开"商品"素材，并放置到画面的左侧。单独的商品放置进去会显得太生硬，而且不够突出，所以这里我们为图片添加描边。选中产品图所在图层，在"图层"面板下方单击"添加图层样式"按钮 fx.，在上拉菜单中选择"描边"选项，在弹出的对话框中设置"大小"为"10像素"，"颜色"为白色（R:255，G:255，B:255），如图13-18和图13-19所示。

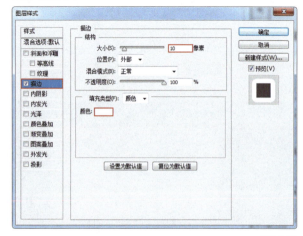

图13-18

图13-19

06 选择"横排文字工具" T ,然后设置"字体"为"华康宋体W5","颜色"为红褐色(R:95,G:75,B:78),如图13-20所示。在画布中单击并输入"武夷岩茶"字样,然后按照同样的方法制作出"用心好茶 品质保证 传统烘焙"字样,并适当调整其大小,如图13-21所示。

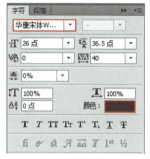

图13-20

图13-21

07 绘制分隔线。选择"直线工具" ,然后设置"填充"为红褐色 (R:95,G:75,B:78),并在上一步制作好的标题字样下方绘制一条直线。选中直线所在图层,单击"添加图层蒙版"按钮 ,给直线添加一个蒙版。选择"渐变工具" ,然后设置一个由黑(R:0,G:0,B:0)到白(R:255,G:255,B:255),再到黑(R:0,G:0,B:0)的渐变效果,如图13-22所示。在蒙版中从左到右拉出渐变,如图13-23所示。

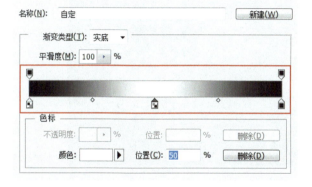

图13-22

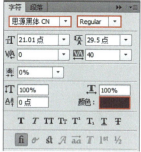

图13-23

08 添加价格信息。选择"横排文字工具" T ,在选项栏中设置"字体"为"思源黑体Regular","颜色"为红褐色(R:95,G:75,B:78),如图13-24所示。在画布中单击并输入"RMB:599.00"字样,如图13-25所示。

图13-24

图13-25

09 添加剩下的产品信息。添加后注意调整产品板块与板块的间距,使之看起来整齐有序,如图13-26所示。

图13-26

10 **添加装饰元素。** 执行"文件>打开"命令，打开"装饰素材"素材，然后将其调入画面，并适当调整其在画面中的位置，操作完成，如图13-27所示。

图13-27

拓展练习： 制作一个零食自定义陈列区页面

制作好的零食自定义陈列区页面效果如图13-28所示。

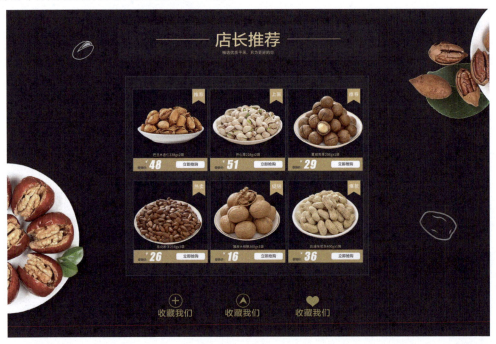

图13-28

第 14 章

详情页设计

从字面意义上来讲，详情页就是对一个产品或一项服务进行解释说明的页面。从功能上来讲，详情页就相当于是产品的推销员，它的最终目标就是说服买家把产品或服务加入购物车，并完成购买。详情页是提高商品转化率的入口，它可以激发顾客的消费欲望，树立顾客对店铺的信任感，打消顾客的消费疑虑，是促使顾客下单的重要渠道。

14.1 详情页的设计要点与规范

下面，我们将针对详情页的设计要点、布局的基本规范和尺寸规范做一个简单的介绍和说明。

14.1.1 设计要点

顾客是为了自己的原因而购买，不是为了我们的理由而购买。所以在设计详情页时，我们应该站在顾客的角度上去考虑问题，先进行分析和调研，然后找准定位，并挖掘卖点，这样才可以打造出高转化率的详情页。

通常，详情页设计的设计要点主要包含以下6个。

1. 信息的真实性和风格的统一性

宝贝详情页要与宝贝主图、宝贝标题相契合。同时，宝贝详情页必须真实地介绍出宝贝的属性。例如，当顾客先在标题或者主图里看到其显示的是复古风格的女装，然后在详情页里看到的却是偏现代风格的女装时，会有一定的心理落差，或者是欺骗感，从而不会再想关注下去。

2. 系统的市场调查

在设计宝贝详情页之前，我们要先对产品或店铺进行充分的市场调查，尤其是同行业调查，尽量规避同款产品的出现。同时，我们还要做好消费者调查，分析消费者的消费能力、消费者的喜好及消费者购买产品时所在意的一些问题等。

市场调查我们应该怎么来进行呢？这里，笔者建议首先可以通过生意参谋或百度指数去分析和了解清楚消费者的购买喜好、消费能力，以及地域等诸多数据，学会利用这些数据对优化详情页很有帮助；其次，也可以通过"生e经"等付费软件搜集行业数据，并结合一些其他渠道找到买家的"痛点"（例如可以多去查看相关宝贝的买家评价，了解买家的需求、购买后遇到的问题等），从而给出合适的应对策略。

3. 产品分析与总结

根据市场调查结果对自身产品进行系统的分析和总结，罗列出消费者所在意的问题、同行的优缺点，以及自身产品的定位，挖掘自身与众不同的卖点。

4. 合理的产品定位

根据店铺产品的特性和市场调查，确定出店铺的消费群体。举一个例子，当我们去小饭店吃饭的时候，一般讲究的都是实惠，在服务或者个性化上边并不会有太多追求，而当我们去一些比较大的饭店吃饭时，一般更多的都是追求服务。

5. 挖掘产品卖点

在讲解这个知识点之前，先给大家举个关于"卖苹果"的案例。一个卖苹果的卖家发现自己店铺中的产品的评价中差评偏多，而且大多都是"苹果不甜，太酸"等一类的话语。卖家寻思良久，直接把描述里的卖点改为"史上最酸的苹果"，结果出乎意料，店铺的评分直线上升，且评价里也都是关于"苹果真的好酸"一类的评语，如此便直接引导并改变了消费者的心理期望，达到了非常良好的效果。

宝贝卖点的范围非常广泛，例如"卖价格""卖款式""卖文化""卖感觉""卖服务""卖特色""卖品质""卖人气"等。那么你所要设计的店铺产品卖点是什么呢？这就需要你对产品和店铺进行深入的分析才能挖掘到了。

6. 设计元素的搜集

在设计前需要根据对消费者的分析和对自身的产品卖点的提炼，以及宝贝风格的定位，提前准备好一些相关设计元素，方便设计时使用，进而提高工作效率。设计详情页前需要确立的元素通常包括配色、字体、文案、构图、排版以及氛围这6种。

14.1.2 布局的基本规范

根据以上我们对详情页设计的分析与了解，这里，我们将详情页的内容布局划分为六大板块，如图14-1所示。

焦点图（产品海报）： 主要包含促销信息、产品优势分析等内容，目的是引起顾客的注意，吸引顾客对店铺或产品进行关注。

产品全景图： 包含产品正面展示、背面展示和侧面展示，目的是让顾客初步了解产品的效果，提升顾客的购买兴趣。

产品属性： 包含款号、颜色、面料、洗涤说明等内容。目的也是让顾客充分了解产品，进而提升顾客购买产品的兴趣。

产品细节卖点： 包含平拍正面、平拍侧面及一些装饰细节展示等内容，让顾客充分了解产品，体现产品价值，进一步提升顾客购买的兴趣。

售后服务： 打消顾客购买顾虑，提升店铺和产品的形象，增加顾客复购率。

关联营销：对与其相关联的商品进行展示，促进顾客的二次转化。

图14-1

14.1.3 尺寸规范

通常来讲，淘宝详情页宽度为750像素，天猫详情页宽度为790像素，京东详情页宽度为990像素。详情页的高度建议控制在1万像素以内，因为详情页太长也就意味着内容过多，仔细想来，没有多少顾客是会耐心地看完一个信息量太大且太长的详情页的，因此在设计详情页的时候要学会适当控制内容，抓住用户痛点，对主要内容进行展示即可。

14.2 设计详情页时常见的问题

在设计详情页时，对于新手来说，常容易出现的问题是页面中出现了过多的文字，或者放入了过多的优惠信息，又或者是设计的风格并非主流风格，再或者是牛皮癣图滥用，从而无法得到顾客的关注，并成功促使顾客下单并完成购买。

14.2.1 无休止的文字

对于初学者来说，在详情页设计过程中，总感觉有太多太多的信息要呈现给顾客，因此在详情页中呈现的文字信息也非常多，这是不可取的。在设计详情页时，我们要学会对文案进行提炼，找出最需要传达给顾客的产品信息，然后有层次和有节奏地在页面中呈现出来即可。过多的文字不仅会让顾客无心一一浏览，同时还会让页面看起来太过枯燥，如图14-2所示。

品牌服务 · 购买须知

01 关于气源问题
本店所销售灶具和燃气热水器支持天然气(12T)和液化气(20Y)，暂不支持人工煤气(7R)。请您下单前确认家中使用的气源或同小区物业或当地燃气公司核实，下单时请务必根据您家中的气源选择燃气用具产品，否则误购产生的退换货需要您承担往返运费。
由于部分城市区域性限制，需要开具当地资质证明才能开通气源；部分地区灶具开气需要螺纹接口才能通气，请您务必了解当地开气政策后再行购买。

02 关于开箱验货
请顾客务必本人签收，当场开箱验货，有破损影响使用的请拍照后直接拒收，并及时联系在线客服，如签收时未验货，我们一概视为商品完好无损，不再以外观划伤、变形、凹坑、破损为由进行无责任退换货，相关货损损失由您本人承担，请知悉！

03 配送服务问题
我司所有商品是送货到楼下，不负责送货入户，部分偏远地区的乡、镇、村因物流原因，无法提供送货服务，需您到附近站点自提

04 安装服务品类
我司线上的油烟机，燃气热水器，电热水器提供安装服务。消毒柜，燃气灶不提供安装服务，免费安装不包含开烟道孔、预埋烟管和拆除旧机

05 关于安装区域
本品牌可提供的安装区域覆盖95%左右县城及以上地区，部分安装区域需收取远程费。如您所在区域为乡、镇、村，不确定有售后网点，请咨询在线客服
灶具嵌入使用注意事项:嵌入式灶具底部橱柜不得直接做成碗柜或在无挡板时不得直接放消毒柜，避免电安全隐患。嵌入式灶具底部建议预留十五公分左右的高度，便于通风散热，且需要预留通风网或者通风口，让灶具充分燃烧

06 关于安装时效
您收到商品后，如需安装请提前三个工作日联系我们，安装工将在48小时内电话联系预约安装时间。我司只提供一次上门免费安装服务，若因客户自身问题导致需要二次上门，需要客户出工人二次上门费用40元。

图14-2

14.2.2 过多的优惠信息

有足够的优惠对于买家来说本身不是坏事，而且还是一种较好的促销手段。对于优惠信息，有的是单独针对某个宝贝的优惠，也有的是针对店铺整体的优惠，在具体设计中只需要定点投放就好了。但是在这时候，如果我们把太多的优惠信息放在每一个宝贝下面，那就适得其反了。如此不仅不能达到真正的促销效果，还会扰乱买家的视线，给买家一种廉价的感觉，如图14-3所示。

图14-3

14.2.3 牛皮癣图的滥用

牛皮癣图指贴了许多文字或标签的效果图。此类型的图片若是大量地放到详情页中，个人认为只会分散买家的注意，是达不到促使买家购买的目的的，同时还会损害店铺和产品的形象，因此不建议采用，如图14-4所示。

图14-4

14.3 详情页的制作流程分析

详情页的设计流程如下：设定页面风格→收集素材→确立布局框架→确立配色方案→选择字体→图文排版→确认定稿→切片存储→完成上传。

14.3.1 设定页面风格

页面风格主要由产品本身来确定，同时也可以根据目标消费群体、季节及节日主题活动等来确定。如图14-5所示，这是一张为年货节活动制作的主题海报，整体风格偏喜庆，氛围也较热闹。

图14-5

14.3.2 收集素材

素材的搜集可以是搜索同类目的前十名产品来进行分析，或者在花瓣网中找一些素材作品来进行参考。这里所说的"参考"不是让大家照抄，而是针对所参考的这些素材，做到"取其精华，去其糟粕"，在脑海中形成大概的风格框架，方便下一步操作，如图14-6所示。

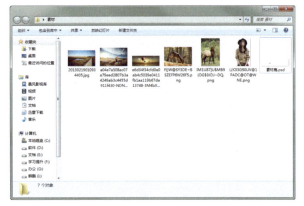

图14-6

14.3.3 确立布局框架

通常来说，详情页的布局和框架包含以下几个部分，如图14-7所示。

产品海报（促销信息或产品优势）：引起顾客注意。

产品全景图：提升顾客购买兴趣。

产品属性功能：提升顾客购买兴趣，并让顾客进一步了解产品。

产品细节卖点展示：提升顾客购买兴趣，并让顾客进一步了解产品，充分体现产品价值。

售后服务：打消顾客顾虑，提升产品和品牌形象，达到二次转化的目的。

图14-7

14.3.4 确定配色方案

在店铺已经有视觉规范的情况下，详情页可以直接沿用已有的配色方案。但是需要注意的是，针对同一店铺的装修设计，其首页的和详情页的颜色不一定要做到完全一样，可以保持一定程度上的变化。

在没有视觉规范的情况下，可以通过对产品本身的属性信息、产品消费人群及产品的联想属性进行分析，

之后确定出详情页的配色，如图14-8所示。

图14-8

14.3.5 选择字体

一般来说，很多人都认为在详情页中信息完整，产品图够漂亮是最主要的，而字体的选择却没有引起太多人的关注。实际上，字体在详情页中起着至关重要的作用。它不仅可以起到对产品的属性或功能进行解释与说明的作用，同时还能填充页面，对页面的布局也起到很好的引导作用，如图14-9所示。

因此，对于详情页字体的选择，我们需要特别注意以下两个方面：根据消费人群选择合适的字体，例如如果我们卖的是女性商品，那就不能选择体现男性英朗感觉的字体了；重要的产品信息在详情页中要放大突出，字体颜色的深浅不要过于复杂，以免影响阅读。

图14-9

14.3.6 对文字和图片进行排版

排版对于店铺中的任何一个板块来说都非常重要，而详情页的排版更是重中之重。在进行详情页排版时，要特别注意尽量少用"图层样式"功能，学会适当留白，避免整个画面显得过于拥挤，元素显得太杂太乱，如图14-10所示。

图14-10

14.3.7 确认定稿

当我们将详情页的排版都做完之后，可以先自我检查一遍，完善细节。觉得没问题了可以交由运营商或老板审核，如果有不符合要求的地方，再进行局部修改，最后定稿，如图14-11所示。

图14-11

14.3.8 切片存储

一般的详情页图片都挺长的，如果整张上传上去，就会导致页面打开速度慢，影响顾客的购买体验，也大大增加页面的跳失率。所以在详情页上传之前，我们需要先对图片进行切片，再进行上传。

那么，详情页的切片和存储操作我们需要怎么来完成呢？下面我们来讲解一下。

首先，执行"视图>标尺"命令或直接按快捷键Ctrl+R，使用"标尺"功能在需要切割的位置添加参考线，如图14-12所示。

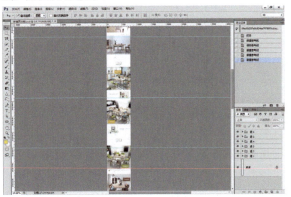

图14-12

然后，选择"裁剪工具"，单击选项栏中的"基于参考线的切片"按钮，之后根据参考线对画面进行切割处理，如图14-13所示。

图14-13

最后，执行"文件>存储为Web所用格式"命令，如图14-14所示。在弹出的对话框中，选择"存储格式"为"JPEG，"，"品质"为"80"，如图14-15所示。确认存储操作，如图14-16所示。

图14-14

图14-15

图14-16

14.3.9 完成上传

当我们将制作好的详情页切片处理好之后，就需要在淘宝后台对详情页进行上传，最终发布到店铺中去。

首先，打开淘宝网页面，单击"卖家中心"选项，如图14-17所示。在打开的页面中输入账号和密码，确认登录操作，如图14-18所示。

图14-17

图14-18

然后，找到"宝贝管理"选项栏，在选项栏下方单击选择"出售中的宝贝"选项，进入该模块的编辑页面，如图14-19所示。在打开的页面中找到"电脑端"选项卡，然后选择并上传图片，如图14-20所示。

图14-19

图14-20

实战：制作女装的详情页

视频名称	制作女装的详情页 .mp4
实例位置	实例文件 >CH014
技术掌握	形状 / 文本 / 矩形选框工具

本案例选取女装产品为题材，详细讲解了一个详情页的设计思路与完整设计过程，让大家从案例中掌握详情页的设计技法，如图14-21和图14-22所示。

图14-21　　　　　　图14-22

风格的设定

本案例是制作一个秋季上新活动的详情页，所以风格方面采用了代表秋季颜色的黄色为主色调，消费群体是年轻人群，所以整个画面也是偏青春靓丽风格的，如图14-23所示。

图14-23

素材的搜集

在素材的收集这块，笔者参考了一些大店铺的设计风格，并结合产品的实际情况，搜集了一些代表秋季的元素，以备后面设计使用，如图14-24所示。

图14-24

布局分析

这个详情页总共分为5屏。第1屏是产品海报，目的是传达信息，吸引买家，使其有往下看的兴趣，如图14-25所示；第2屏是展示产品的全景图，让买家产生代入感，然后想象衣服穿着自己身上的感觉，如图14-26所示；第3屏展示产品的优势细节，让买家对产品价值进行肯定，并提升买家的购买兴趣；第4屏是商品信息介绍，让买家更加了解商品，并促使其购买；最后一屏是商品实拍展示，目的是继续刺激买家，进一步刺激买家购买。

图14-25

图14-26

配色分析

整体采用凸显青春靓丽的黄色为主色调，因为黄色亮度比较高，所以在其中加了黑色和白色进行中和，让页面显得协调、不刺眼，如图14-27所示。

字体的选择

采用能代表女性的字体——宋体为主要字体，

然后搭配一些黑体字体，使画面既有女性的柔美，又有端正大气的感觉，如图14-28所示。

图14-27

图14-28

设计过程

01 新建文件。启动Photoshop，执行"文件>新建"命令，在打开的"新建"对话框中设置"名称"为"女装详情页"，"宽度"为"750像素"，"高度"为"5000像素"，"分辨率"为"72像素/英寸"，如图14-29所示。

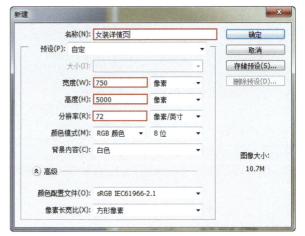

图14-29

02 调入模特。执行"文件>打开"命令，打开"模特"素材，将素材放置到画面中的合适位置。在这里，我们选了一张为模特拍摄的场景图片作为详情页的底图背景，如图14-30所示。

图14-30

03 输入背景文案。在工具箱中选择"横排文字工具" [T]，然后在画布中单击并输入"FASHION"字样，设置"字体"为

"华康标题宋"，"颜色"为白色，如图14-31所示。之后将字样移动到背景图的顶部，如图14-32所示。选择"钢笔工具"，然后把人物的头部单独抠出来，并将头部所在的图层调整到 "FASHION"图层的上方，如图14-33所示，最终效果如图14-34所示。

图14-31　　　　　　　　　　　　图14-32

图14-33　　　　　　　　　　　　图14-34

04 **绘制边框**。选择"矩形工具"，然后在选项栏中设置"填充"为"无"，"描边"为"白色"，"描边宽度"为"8像素"，如图14-35所示。在画面中绘制一个矩形边框，然后在"图层"面板下方单击"添加图层样式" 按钮，在上拉菜单中选择"投影"选项，之后在弹出的对话框中设置"不透明度"为"45%"，"距离"为"8像素"，"大小"为"7像素"，"角度"为"120度"，"投影颜色"为黄色（R:246，G:196，B:54），如图14-36所示。最终效果如图14-37所示。

图14-35

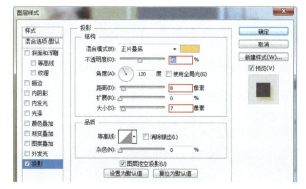

图14-36

图14-37

05 在上一步添加的矩形图层上单击右键，在显示的菜单里选择"栅格化图层"选项，将工具切换为"矩形选框工具"，然后选中矩形边框的右上角部分，按Delete键进行删除。选择"横排文字工具"，设置"字体"为"思源黑体Regular"，"颜色"为白色，如图14-38所示。输入"AUTUMN IS NOT GOOD"字样和"秋\季\上\新"。选择"多边形工具"，然后在选项栏中设置"填充"为"白色"，"描边"为"无"，"边"为"3"，如图14-39所示。然后在文字两侧添加三角形作为装饰，如图14-40所示。

图14-38

图14-39

图14-40

06 **输入主文案**。选择"横排文字工具"，然后在画布中单击并输入"秋"字样，设置"字体"为"华康标题宋"，"颜色"为蓝色（R:0，G:89，B:129），并将其移动到画布中的合适位置。之后按照同样的方法输入"季"字样，并适当调整其大小，同时修改颜色为白色，最后移动到"秋"字右上方的位置，如图14-41所示。

图14-41

07 选择"横排文字工具" T ，然后在画布中单击并输入"尚"字，设置"字体"为"华康宋体W7"，"颜色"为黑色，并调整字样到画布中的合适位置。之后按照同样的方法输入"新"字，并适当调整该字的大小及字在画布中的位置，如图14-42所示。

图14-42

08 为文字添加一些细节装饰，如一些波浪线、直线等，添加时注意装饰元素所在的位置及配色处理，如图14-43所示。

图14-43

09 继续调入装饰元素，丰富画面。执行"文件>打开"命令，打开"装饰"素材，调入画面，如图14-44所示。

图14-44

10 添加"潮流趋势"标题栏。选择"直线工具" ，然后在选项栏中设置"填充"为"黑色"，"描边"为"无"，"粗细"为"1像素"，如图14-45所示。在画布中根据需要绘制一些直线，如图14-46所示。

图14-45

图14-46

11 添加标题文字。在画布中输入"潮流趋势"字样，然后设置"字体"为"思源黑体Regular"，"颜色"为黑色，如图14-47所示。之后根据感觉制作其他字样，如图14-48所示。

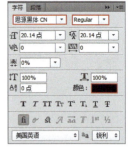

图14-47

潮流趋势
FASHION   FASHION TRENDS

图14-48

12 继续调入素材。执行"文件>打开"命令，打开"人物2"素材图片，并放置到画布中的合适位置，如图14-49所示。

13 绘制底图。选择"矩形工具" ，然后在选项栏中设置"填充"为"白色"，"描边"为"无"，然后在画布中绘制一个矩形，如图14-50所示。

图14-49　　　　　　　　图14-50

14 **添加主标题。**在画布中输入"2019"字样，设置"字体"为"华康饰艺体W7"，"颜色"为黑色，如图14-51所示。最终效果如图14-52所示。

图14-51　　　　　　　　图14-52

15 在画布中输入"秋季首发"字样，设置"字体"为"思源黑体Light"，"颜色"为灰色（R:115，G:115，B:115），如图14-53所示。将制作好的字样移动至"2019"字样的下方，同时居中对齐。在画布中输入"时尚保暖主题"字样，设置"字体"为"思源黑体Bold"，"颜色"为黑色，然后放置在所有字体的最下方，同时做居中对齐处理，如图14-54所示。

图14-53　　　　　　　　图14-54

16 选择"直线工具" 🖉，然后在选项栏中设置"填充"为"黑色"，"粗细"为"1像素"，如图14-55所示。在画布中添加两条装饰线，如图14-56所示。

图14-55

17 **输入副标题。**选择"矩形工具" 🔲，然后设置"填充"为"无"，"描边"为红色（R:237，G:24，B:46），"描边宽度"为"2点"，如图14-57所示。在画布中绘制一个矩形，然后将工具切换为"椭圆工具" 🔵，在选项栏中设置"填充"为红色（R:237，G:24，B:46），"描边"为"无"，并在矩形右侧绘制一个圆，如图14-58所示。

图14-56

图14-57

图14-58

18 在画布中输入"要时尚也要温度"字样，然后设置"字体"为"思源黑体Regular"，"颜色"为红色（R:115，G:115，B:115），如图14-59所示。输入"保暖首选"字样，设置"颜色"为白色，并适当调整文字大小。输入其他的文字，设置"字体"为"思源黑体Regular"，"颜色"为红色（R:237，G:24，B:46），如图14-60所示。

图14-59　　　　　　　　图14-60

19 导入装饰。执行"文件>打开"命令，打开"装饰2"素材图片，然后放置到画布中的合适位置，如图14-61所示。

20 添加"精选信息"标题栏和标题。在"图层"面板中选择"潮流趋势"标题栏和标题图层，然后按住Alt键不放，用鼠标往下拖动，把标题栏和标题复制一份，然后修改文字为"精选信息"，如图14-62所示。最终效果如图14-63所示。

图14-61　　　　　　　　　图14-62

图14-63

21 制作底图。选择"矩形工具"，然后在选项栏中设置"填充"为黑色，"描边"为"无"，接着在画布中绘制一个矩形，同时将"商品"素材调入画面，在商品图层上单击鼠标右键，在弹出的快捷菜单中选择"创建剪贴蒙版"命令，将商品融入矩形。如图14-64所示。最终效果如图14-65所示。

图14-64　　　　　　　　　图14-65

22 继续选择"矩形工具"，然后在画布中绘制一个矩形，并调整矩形图层的"不透明度"为"70%"，作为文案底图，如图14-66所示。

图14-66

23 添加文案。选择"椭圆工具"，设置"填充"为白色，然后在画面中绘制一个圆，接着按住快捷键Alt不放，复制一份圆并调整其大小，放置在旁边，如图14-67所示。为大圆添加一个"描边"图层样式，设置"颜色"为白色，"大小"为"5像素"，"不透明度"为"45%"，如图14-68所示。使用"横排文字工具"输入"HIGN-END"子样，然后设置"字体"为"思源黑体Regular"，"颜色"为黑色，如图14-69和图14-70所示。之后按照同样的方法制作其他字样，并放置在画面中的合适位置，如图14-71所示。

图14-67

图14-68

图14-69　　　　　　　　　图14-70

图14-71

24 添加"精心剪裁"标题栏和标题。在"图层"面板中选择"潮流趋势"标题栏和标题图层，然后按住Alt键不放，用鼠标往下拖动，把标题栏和标题复制一份，修改文字为"精心剪裁"，如图14-72所示。最终效果如图14-73所示。

图14-72

图14-78

图14-73

25 调入人物素材。执行"文件>打开"命令，打开"人物3"素材，然后调入画面，并调整其到画布中的合适位置，如图14-74所示。

26 绘制底图。选择"矩形工具" ▣，设置"填充"为"白色"，"描边"为"无"，然后在画布中绘制一个矩形，作为底图使用，如图14-75所示。

图14-79

图14-74　　　　　　　图14-75

27 添加文案。输入"360°独立精心裁剪"字样，然后设置"字体"为"思源黑体Bold"，"颜色"为黑色，如图14-76和图14-77所示。输入"显型轮廓/窈窕有范"字样，设置"字体"为"思源黑体Regular"，"颜色"为深绿色（R:0，G:157，B:139），如图14-78所示。按照同样的方法添加其他字样，如图14-79所示。最后调入商品图，并放置在画面中的合适位置，如图14-80所示。

图14-80

图14-76　　　　　　　图14-77

28 添加细节展示部分。执行"文件>打开"命令，打开"人物4"素材，然后调入画面，并调整其到画布中的合适位置，如图14-81所示。

图14-81

29 使用"横排文字工具" ⊤ 输入"Elegant"字样,如图14-82所示。设置"字体"为"Arial Regular","颜色"为白色,如图14-83所示。输入"细节彰显品质"字样,设置"字体"为"华康宋体W7","颜色"为白色,如图14-84所示。之后按照同样的方法输入其他的文案,如图14-85所示。

图14-82   图14-83

图14-84

图14-85

30 选择"矩形工具" □ ,在选项栏中设置"填充"为"白色","描边"为"无",然后在画面中绘制一个矩形框,绘制完成后,按住Alt键的同时用鼠标拖曳复制一个矩形,如图14-86所示。将商品图调入并放置在白色矩形上面,如图14-87所示。输入"1.H版型设计"字样,然后设置"字体"为"思源黑体 Regular","颜色"为深绿色(R:7,G:95,B:88),如图14-88所示。之后按照同样的方法输入其他文案内容,如图14-89所示。

图14-86   图14-87

图14-88   图14-89

31 在"图层"面板中选择"潮流趋势"标题栏和标题图层。在按住Alt键不放的同时,用鼠标往下拖动,复制一个标题栏和标题,然后修改文字为"商品信息",如图14-90和图14-91所示。

图14-90

图14-91

32 调入人物素材。执行"文件>打开"命令,打开"人物5"素材,调入画面,如图14-92所示。

图14-92

33 添加商品文案。在画布中单击并输入"品牌：秋季女装"字样，然后设置"字体"为"思源黑体Light"，"颜色"为黑色，如图14-93所示。之后按照同样的方法输入其他文案，并整体进行左对齐摆放处理，如图14-94所示。

图14-93

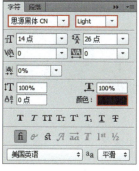

图14-96

图14-94

34 执行"文件>打开"命令，打开"细节"素材，调入画面，如图14-95所示。然后在画布中单击并输入"厚度指数""版型指数""弹性指数"和"柔软指数"字样，然后设置"字体"为"思源黑体Light"，"颜色"为灰黑色（R:51, G:51, B:51），如图14-96和图14-97所示。之后按照同样的方法添加其他字样，如图14-98所示。

图14-97

图14-95

图14-98

35 选择"椭圆工具"，然后设置"填充"为"白色"，"描边"为灰黑色（R:75, G:75, B:75），接着在画布中绘制若干个相同大小的圆，并排列整齐，如图14-99所示。将需要为选中状态的圆的颜色设置为黑色，然后选择"直线工具"，在选项栏中设置"填充"为"黑色"，"描边"为"无"，接着绘制几条直线，使其分别横穿过前3行圆，如图14-100所示。

图14-99

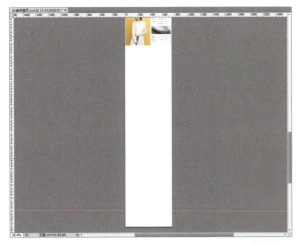

图14-100

36 **增加画布高度。** 选中"背景"图层，同时选择"裁剪工具" 🔲，然后向下拉拽裁剪框，给画布增加一定的高度，如图14-101所示。

图14-101

37 **添加"尺码信息"标题栏和标题。** 在"图层"面板中选择"潮流趋势"标题栏和标题图层。然后按住Alt键不放，用鼠标拖曳复制标题栏和标题，并修改标题文字为"尺码信息"，如图14-102和图14-103所示。

图14-102

|尺码信息❋|　　　　　　　　　　　　　　　FASHION TRENDS
FASHION

图14-103

38 将提前制作好的尺码表直接调入画布，并移动到"尺码信息"标题栏的下方，如图14-104所示。

|尺码信息❋|　　　　　　　　　　　　　　　FASHION TRENDS
FASHION

尺寸（cm）	衣长（后中）	胸围	肩宽	背宽	臀围	袖长	袖肥	袖口
S	85	85	85	85	85	85	85	85
M	87	87	87	87	87	87	87	87
L	89	89	89	89	89	89	89	89

———— 快捷选码/此数据仅做版型参考 ————

身高 \ 体重	90	100	110	120	130	140
150						
155						
160		S		M	L	XL	XXL
165						
170						
175						
180						

图14-104

39 **添加"模特展示"标题栏和标题。** 在"图层"面板中选择"潮流趋势"标题栏和标题图层，在按住Alt键不放的同时，用鼠标往下拖动，把标题栏和标题复制一份，然后修改标题文字为"模特展示"，如图14-105和图14-106所示。

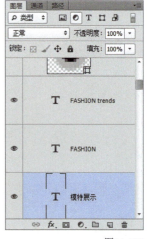

图14-105

|模特展示❋|　　　　　　　　　　　　　　　FASHION TRENDS
FASHION

图14-106

40 执行"文件>打开"命令,打开"模特展示"素材,在画面中调入我们之间准备好的模特展示图,如图14-107所示。最终制作好的详情页效果如图14-108和图14-109所示。

图14-107　　　　　　　　　图14-108　　　　　　　　　图14-109

拓展练习：制作一个男装详情页

制作好的男装详情页效果如图14-110所示。

图14-110

第15章

页尾设计

在店铺装修设计中，页尾的作用是不仅能将店铺信息表达得更清晰、全面，还能让网店页面的结构显得更加完整。页尾的模板和页头模板相比是比较少的，利用好页尾可以对网店起到很好的分流作用。页尾和页头都是属于"共同展示"页面的，也就是说在店铺里不管打开哪个产品的详情页，都会显示出该店铺的页头和页尾的信息。一般来说，页尾摆放的内容大多为消保、售后服务、7天无理由退换货、购物流程及联系方式等信息。

15.1 页尾的分类

在电商设计中，页尾包含返回顶部型、文字说明型和分类导航型这3大类型。

15.1.1 返回顶部型

返回顶部型页尾主要展示内容是"返回顶部"按钮，它的主要作用是方便买家直接返回到店铺的最上方，相当于做了一个流量的闭环，如图15-1所示。

图15-1

15.1.2 文字说明型

文字说明型页尾主要展示内容是说明内容，例如关于售后的保证、发货的须知及工作时间等，相当于做了一个常见问题的说明，如图15-2所示。

图15-2

15.1.3 分类导航型

分类导航型页尾主要展示内容是店铺商品的分类，对重要的内容做二次展示，让买家更快捷地找到自己想要的商品，如图15-3所示。

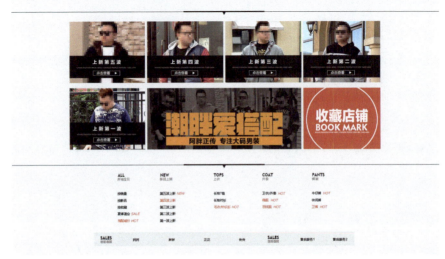

图15-3

15.2 页尾设计的注意事项

页尾是与页头相呼应的模块，它可以让店铺结构看起来更完整，同时页尾对店铺的形象展示、店内分流也起到了很大的作用。在设计页尾的时候，需要注意以下5个方面的问题。

15.2.1 设计要简约

页尾的设计要尽量简约一些，并且对一些主要的内容进行整理和展示，避免混乱。页尾的尺寸可根据店铺的信息量大小来决定，如图15-4所示。

图15-4

15.2.2 使用图案元素

在页尾设计中，如果都是展示纯粹的文字信息的话，会使画面看起来格外单调，在此时若给页面添加一些图案装饰，会使页面效果看起来更丰富且有变化，如图15-5所示。

图15-5

15.2.3 设计风格要统一

页尾绝对不是单独存在的一个个体，其风格应该与整个店铺的设计风格相符。颜色、样式还有图形元素都应该保持一致，如图15-6所示。

图15-6

15.2.4 字号要小

在通常情况下，页尾包含的文字信息都比较多，因此在不影响正常观看的情况下，页尾的文字可以比店铺主题所用的字号稍小一点，如图15-7所示。

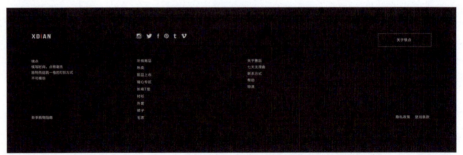

图15-7

15.2.5 包含的信息要全

页尾在整个店铺页面中算是一个"补充说明"的模块，它可以对店铺中的重要信息重复显示，如收藏、常见问题等信息，如图15-8所示。

图15-8

15.3 页尾的设计与制作

在本节，笔者将通过3个案例讲解页尾的制作方法与技巧，一个是返回顶部型页尾的设计，另一个是旺旺客服页尾的设计，还有一个是分类导航型促销页尾的设计。

实战：制作返回顶部型页尾

视频名称	制作返回顶部型页尾 .mp4
实例位置	实例文件 >CH15>01
技术掌握	直线 / 圆角矩形 / 文本工具

返回顶部型页尾主要展示的内容就是"返回顶部"按钮，在设计时应避免添加其他无关的内容，重点去突出展示"返回顶部"按钮，如图15-9所示。

图15-9

操作步骤

01 新建文件。 启动Photoshop，执行"文件>新建"命令，在打开的"新建"对话框中设置"名称"为"页尾"，"宽度"为"1920像素"，"高度"为"400像素"，"分辨率"为"72像素/英寸"，如图15-10所示。

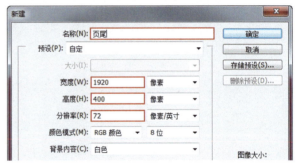

图15-10

02 填充颜色。 在工具箱下方设置前景色为玫红色（R:207，G:36，B:64），然后按快捷键Alt+Delete填充颜色，如图15-11所示。

图15-11

03 调入LOGO。 执行"文件>打开"命令，打开LOGO素材，并放置到画面中的合适位置。在画布中输入"回归自然 静享生活"字样，然后设置"字体"为"思源黑体 Regular"，"颜色"为白色（R:255，G:255，B:255），如图15-12所示。将工具切换为"直线工具"，然后设置"填充"为"白色"（R:255，G:255，B:255），"粗细"为"1像素"，如图15-13所示，之后在文字两边各绘制一条直线，如图15-14所示。

图15-12

图15-13

图15-14

04 绘制按钮。 选择"圆角矩形工具"，然后在选项栏中设置"填充"为玫红色（R:207，G:36，B:64），"描边"为"白色"（R:255，G:255，B:255），"描边宽度"为"1点"，"半径"为"20像素"，如图15-15所示。在文字下方绘制一个圆角矩形，然后在画布中单击并输入"返回顶部"字样，设置"字体"为"思源黑体 Regular"，"颜色"为白色，如图15-16所示。

图15-15

图15-16

实战：制作旺旺客服页尾

视频名称	制作旺旺客服页尾 .mp4
实例位置	实例文件 >CH15>02
技术掌握	矩形 / 多边形 / 文本工具

旺旺客服是连接商家和买家的重要沟通桥梁，买家可以通过店铺的旺旺客服模块直接联系到商家，去咨询问题，制作好的旺旺客服页尾效果如图15-17所示。

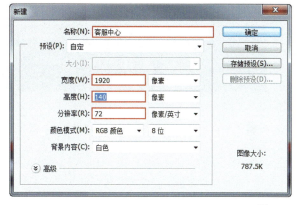

图15-17

✎… **操作步骤**

01 新建文件。 启动Photoshop，执行"文件>新建"命令，在打开的"新建"对话框中设置"名称"为"客服中心"，"宽度"为"1920像素"，"高度"为"140像素"，"分辨率"为"72像素/英寸"，之后确认操作，完成新建，如图15-18所示。

图15-18

02 填充颜色。 设置前景色为深紫色（R:44，G:40，B:63），然后按快捷键Alt+Delete填充文档背景颜色，如图15-19所示。

图15-19

03 添加矩形。 在工具箱中选择"矩形工具"，然后在选项栏中设置"填充"为红色（R:255，G:0，B:0），"描边"为"无"，然后在上一步绘制好的矩形上方绘制一个红色矩形，如图15-20所示。

图15-20

04 **添加文案**。在画布中单击并输入"客服中心"字样，然后设置"字体"为"思源黑体 Regular"，"颜色"为白色。之后按照同样的方法输入"SERVICE CENTER"字样，并适当调整该字样的字体和大小，如图15-21所示。选择"多边形工具" 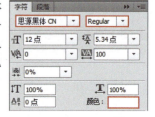，然后在选项栏中设置"填充"为"白色"（R:255，G:255，B:255），"边"为"3"，接着在画面中绘制一个三角形，如图15-22和图15-23所示。选择矩形工具 ，在选项栏中设置"填充"为"白色"（R:255，G:255，B:255），"描边"为"无"，接着在文档中绘制一个矩形，如图15-24和图15-25所示。

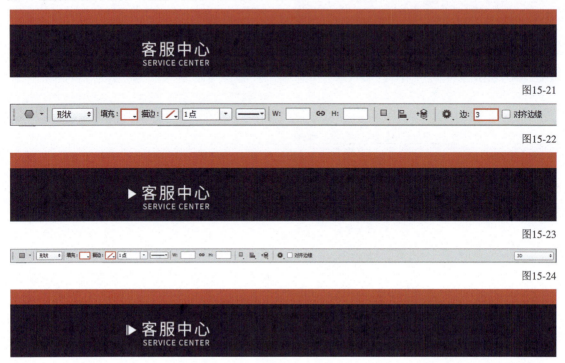

图15-21

图15-22

图15-23

图15-24

图15-25

05 在画布中单击并输入客服名字"小樱桃"，然后设置"字体"为"思源黑体Regular"，"颜色"为白色，如图15-26所示。之后按照同样的方法输入另外几个客服的名字，并适当调整名字与名字的间距，如图15-27所示。在画布中单击并输入"售前客服"字样，然后设置"字体"为"思源黑体 Regular"，"颜色"为黄色（R:244，G:200，B:9），如图15-28所示。之后按照同样的方法制作出"售后客服"字样，如图15-29所示。

图15-26

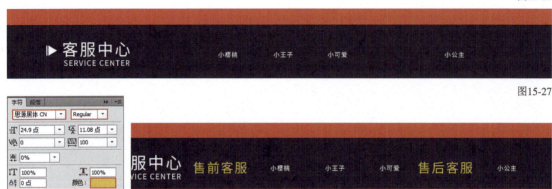

图15-27

图15-28

图15-29

06 **调入图标**。执行"文件>打开"命令，打开"旺旺图标"素材，然后放置到画面中的合适位置，如图15-30所示。

图15-30

07 **绘制分隔线。**选择"直线工具" ✐ ，在选项栏中设置"填充"为"白色"，"描边"为"无"，"粗细"为"1像素"，如图15-31所示。然后在画布中的合适位置绘制两条分隔线，操作完成，如图15-32所示。

图15-31

图15-32

实战：制作分类导航型促销页尾

视频名称	制作分类导航型促销页尾.mp4
实例位置	实例文件 >CH15>03
技术掌握	矩形工具 / 文本工具

分类导航型促销页尾是在店铺有大促活动情况下应用的。其作用包含有两个方面，一是可以更好地引导顾客参与活动，二是可以很好地渲染促销氛围。制作好的分类导航型促销页尾效果如图15-33所示。

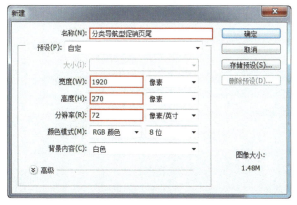

图15-33

✎ 操作步骤

01 **新建文件。**执行"文件>新建"命令，在打开的"新建"对话框中设置"名称"为"分类导航型促销页尾"，"宽度"为"1920像素"，"高度"为"270像素"，"分辨率"为"72像素/英寸"，之后确认操作，完成新建，如图15-34所示。

图15-34

02 **填充颜色。**设置前景色为深蓝色（R:50，G:38，B:78），按快捷键Alt+Delete填充，如图15-35所示。

图15-35

03 **添加主标题。**在画布中单击并输入"所有宝贝"字样，然后设置"字体"为"思源黑体Llight"，"字体大小"为"16点"，"颜色"为白色，如图15-36所示。之后按照同样的方法输入"ALL BABIES"字样，修改颜色为蓝紫色（R:79，G:68，B:102）并适当调整该字样的字体和大小，最后添加一条直线作为分隔线装饰画面，如图15-37所示。之后按照同样的方法添加其他字样，如图15-38所示。

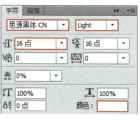

图15-36

173

图15-37

图15-38

04 添加装饰文案。执行"文件>打开"，在弹出的对话框中打开所需要的素材，并调入画面，如图15-39所示。

图15-39

05 添加促销文案。在画布中单击输入"活动专区ACTIVITY AREA"字样，然后设置"字体"为"思源黑体Regular"，"字体大小"为"28点"，"颜色"为白色，如图15-40所示。并且在文字两侧各绘制两条分隔线，如图15-41所示。

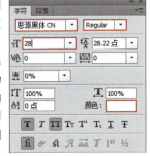

图15-40

图15-41

06 绘制红色底图。选择"矩形工具"，然后在选项栏中设置"填充"为红色（R:243，G:27，B:28），"描边"为"无"，接着在文档中绘制一个矩形，并复制3份，如图15-42所示。之后使用"椭圆工具"在第1个矩形上绘制一个圆形，如图15-43所示。

图15-42　　　　　　　　　　　　图15-43

07 添加商品图。执行"文件>打开"命令，调入"商品1"素材，然后将其放置在圆形图层上方，并按快捷键Ctrl+Alt+G将图像融入圆形，如图15-44所示。之后按照同样的方法在其他3个矩形上也添加上商品图，如图15-45所示。

图15-44　　　　　　　　　　　　图15-45

08 添加细节文案。选择"矩形工具"，在选项栏中设置"填充"为"无"，"描边"为"白色"，然后在圆形下方绘制一个矩形框，如图15-46所示。在画布中输入"点击查看"字样，设置"字体"为"思源黑体Regular"，"颜色"为白色，如图15-47所示。将制作好的效果复制3份，并放到合适位置，最终效果如图15-48所示。

图15-46　　　　　　　　　　　　图15-47

图15-48

拓展练习：制作一个文字说明型页尾

制作好的文字说明型页尾效果如图15-49所示。

图15-49

第16章

店铺收藏栏设计

　　收藏数的多少是衡量一个店铺热度的标准。在同类店铺中，收藏数多的店铺往往曝光量要比其他同行要高许多。一个设计精美的店铺收藏栏不光可以增加买家对店铺的印象分，还可以刺激买家点击收藏店铺。在本章，咱们就一起来学习一下店铺收藏栏的设计技巧与方法。

16.1 店铺收藏栏的设计要点

店铺收藏栏的设计要点主要包含以下两个，一个是有好看的图标，另一个是带有必要的提示文字。

16.1.1 好看的图标

如果想要尽可能地吸引买家点击收藏店铺，一个好看的图标是必不可少的，如图16-1所示。

图16-1

16.1.2 必要的提示文字

在收藏栏上添加某些提示性文字，如"收藏送优惠券""收藏有礼"等，可以刺激买家点击收藏，如图16-2所示。

图16-2

16.2 店铺收藏栏的设计与制作

店铺收藏栏的设计非常简单，主要是注意将"收藏"二字突出，同时带上一些吸引人的文案信息即可。

实战：制作服装店铺收藏栏

视频名称	制作服装店铺收藏栏 .mp4
实例位置	实例文件 >CH16>01
技术掌握	直线 / 矩形 / 文本工具

这是一个复古风格的服装店铺收藏栏，采用宣纸作为背景，用以烘托整个画面的古韵古香的氛围，文字也是采用了复古的宋体，再次点明主题，配色采用的是红黄色，如图16-3所示。

图16-3

✎ 操作步骤

01 新建文件。启动Photoshop，执行"文件>新建"命令，在打开的"新建"对话框中设置"名称"为"店铺收藏"，"宽度"为"950像素"，"高度"为"130像素"，"分辨率"为"72像素/英寸"，如图16-4所示。

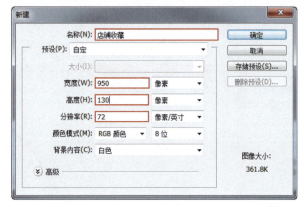

图16-4

02 调入背景。执行"文件>打开"命令，打开"背景"素材，将素材放置到画布中的合适位置，如图16-5所示。

图16-5

03 绘制米字格。选择"直线工具" ⬚，在选项栏中设置"填充"为橙红色（R:182，G:170，B:154），"描边"为"无"，然后在画布中绘制一个米字格图形，如图16-6所示。之后使用相同的方法在米字格图形的右侧绘制一个"米"字图形，如图16-7所示。

图16-6

图16-7

04 添加主题字样。在画布中输入"收藏"字样，然后设置"字体"为"华康标题宋"，"颜色"为咖啡色（R:101，G:72，B:53），如图16-8所示，最终效果如图16-9所示。

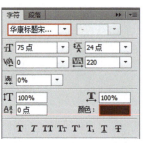

图16-8

图16-9

05 **添加主标题**。选择"矩形工具" ▢ ，然后在选项栏中设置"填充"为"红色"（R:142，G:7，B:7），接着在画布中绘制一个矩形。选择"横排文字工具" T ，在选项栏中设置"字体"为"思源黑体Regular"，"颜色"为米白色（R:243，G:225，B:205），如图16-10所示。在矩形上单击并输入"店铺送10元优惠券"字样，如图16-11所示。

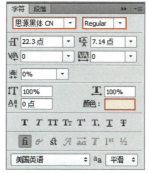

图16-10

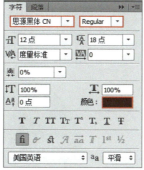

图16-11

06 **添加副标题**。继续选择"横排文字工具" T ，保持选项栏中的"字体"为"思源黑体Regular"，然后修改"颜色为"为咖啡色（R:127，G:110，B:95），如图16-12所示。在主标题下方单击并输入副标题文案信息，对其与主标题进行左对齐摆放处理，如图16-13所示。

图16-12

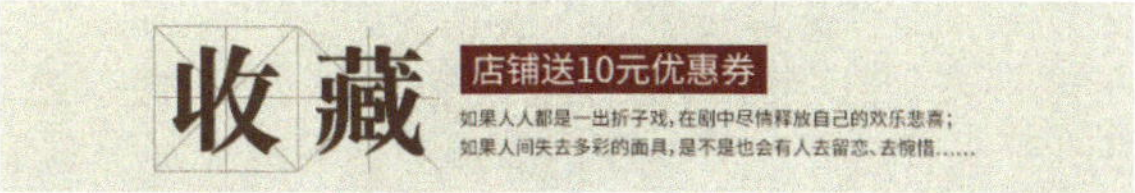

图16-13

实战：制作促销型收藏栏

视频名称	制作促销型收藏栏.mp4
实例位置	实例文件 >CH16>02
技术掌握	钢笔 / 圆角矩形 / 椭圆 / 文本工具

这是一个促销型店铺收藏栏，采用明度和饱和度比较高的黄色作为背景，用以烘托整个画面的促销的氛围，文字也是个性化设计的，增强了画面活泼的感觉，如图16-14所示。

图16-14

✎ **操作步骤**

01 **新建文件**。执行"文件>新建"命令，在打开的"新建"对话框中设置"名称"为"促销收藏页"，"宽度"为"608像素"，"高度"为"152像素"，"分辨率"为"72像素/英寸"，如图16-5所示。

图16-15

02 **填充颜色**。设置前景色为"黄色"（R:255，G:222，B:0），按快捷键Alt+Delete填充，如图16-16所示。

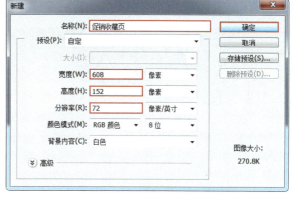

图16-16

03 **制造层次**。选择"钢笔工具" ✐ ，然后在"选项栏"中设置"工具模式"为"形状"，"填充"为深黄色（R:234，G:286，B:0），"描边"为"无"。在画面左侧绘制一个不规则形状，将绘制好的形状复制一份到右侧，如图16-17所示。

图16-17

04 选择"钢笔工具" ，然后在"选项栏"中设置"工具模式"为"形状"，"填充"为咖啡色（R:52，G:44，B:42），"描边"为"无"，然后在画面的中心处绘制一个不规则形状，使其和左右两边的深黄色图形自然衔接起来，如图16-18所示。

图16-18

05 选择"横排文字工具" ，在"选项栏"中设置"字体"为"王汉宗特明体"，然后修改"颜色"为白色，接着输入"收藏"字样，调整大小，放置在合适位置。在文字图层上单击右键，选择"栅格化图层"命令，然后使用"钢笔工具" 在需要删除的地方做选区并删除。添加细节装饰文案"COLLECTION"，并将装饰文案调入画面，同时调整下大小，最后放置到画面的合适位置，如图16-19所示。

图16-19

06 优化笔画。使用"椭圆工具" 将一些笔画和笔画围成的区域处理成圆形。最后使用"钢笔工具"延长"收"字部分笔画，如图16-20所示。

图16-20

07 选择"横排文字工具" ，在"选项栏"中设置"字体"为"思源黑体Heavy"，输入"有礼"字样，并调整大小，放置到合适位置，如图16-21所示。

图16-21

08 添加副标题。选择"横排文字工具" ，在"选项栏"中设置"字体"为"思源黑体 Bold"，然后修改"颜色"为白色，输入"领取10元红包"字样，之后单独选中"10元"字样，并修改"颜色"为黄色（R:255，G:222，B:0），如图16-22所示。

图16-22

09 添加引导按钮。选择"圆角矩形工具" ，设置"填充"为蓝色（R:0，G:174，B:255），"描边"为"无"，然后在文字下方绘制一个圆角矩形框，如图16-23所示，并添加上"点击收藏"字样，最终效果如图16-24所示。

图16-23

图16-24

实战：	制作动态型收藏栏
视频名称	制作动态型收藏栏.mp4
实例位置	实例文件>CH16>03
技术掌握	自定形状工具 / 椭圆工具 / 圆角矩形工具 / 动画帧 / 文本工具

这是一个动态型收藏栏，通过添加动态效果，使本身平淡的画面瞬间增添了几分灵动性，并且动态的图片相比于静态的图片也更容易吸引人的眼球，如图16-25所示。

图16-25

✎ **操作步骤**

01 **新建文件**。执行"文件>新建"命令，在打开的"新建"对话框中设置"名称"为"动态收藏页"，"宽度"为"500像素"，"高度"为"500像素"，"分辨率"为"72像素/英寸"，如图16-26所示。

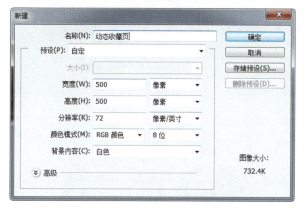

图16-26

02 **制作圆形**。选择"椭圆工具" ◎，设置"填充"为灰色（R:37，G:37，B:37），"描边"为"无"，然后在画面中绘制一个圆，如图16-27所示。

图16-27

03 **添加文案**。选择"横排文字工具" T，在"选项栏"中设置"字体"为"方正准圆简体"，然后修改"颜色"为白色，在圆上输入文案"收藏店铺"，调整大小并放置到合适位置，如图16-28所示。按照同样的方法在下方输入副标题"送5元无门槛优惠券"，如图16-29所示。

图16-28   图16-29

04 **添加装饰物**。选择"圆角矩形工具" ◎，然后在画布中绘制一个圆角矩形，并设置"填充"为粉色（R:255，G:115，B:150），并复制出一个，然后按快捷键Ctrl+T执行"自由变换"命令，调整复制的形状的大小并将其移动到下方位置，如图16-30所示。之后按照同样的方法绘

制剩下的两个圆角矩形，然后分别设置两个矩形的"填充"为黄色（R:254，G:219，B:3）和青色（R:185，G:211，B:163），并调整到画布中的合适位置，如图16-31所示。

图16-30   图16-31

05 使用"椭圆工具" ◎在画布中绘制一个蓝色（R:166，G:178，B:202）的圆，然后复制出一份，并将两个圆分别置于黄色圆角矩形和下方的粉色圆角矩形的附近，然后使用"自定形状工具" ◢绘制一个黄色（R:246，G:255，B:0）星星，并将其移动到"收藏店铺"字样的上方位置，如图16-32所示。

图16-32

06 **添加动画**。执行"窗口>时间轴"命令，然后在弹出的面板中选择"创建帧动画"选项，如图16-33所示。创建完成后，单击面板下方的"复制所选帧"按钮 ◻，将帧动画复制一份，并且将两个帧的秒数修改为1秒，同时设置"循环"为"永远"，如图16-34所示。

图16-33

图16-34

07 选择第1帧，然后按快捷键Ctrl+J将副标题文本图层复制出一份，并修改文字"颜色"为黄色（R:246，G:255，B:0），如图16-35所示。

图16-35

08 将黄色文本图层关闭，并将该文本下方的形状向上移动6像素，向左移动6像素，如图16-36所示。

图16-36

09 选择第2帧，将黄色文本图层打开，并将刚刚移动了位置的形状复位，如图16-37所示。

图16-37

10 输出保存。执行"文件>存储为Web所用格式"命令，在弹出的对话框中设置"存储格式"为"GIF"，之后单击"存储"按钮，完成图片的输出保存，如图16-38所示。

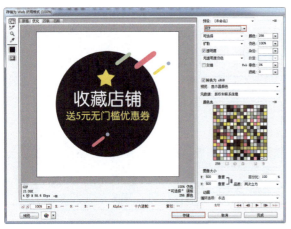

图16-38

更多店铺收藏栏的案例效果如图16-39和图16-40所示。

图16-39

图16-40

拓展练习： 制作一个化妆品店铺收藏栏

制作好的化妆品店铺收藏栏效果如图16-41所示。

图16-41

第17章

首页背景设计

　　首页背景是用于烘托整个店铺氛围的背景页面，一般在店铺图片不是全屏的情况下出现。在设计首页背景时，背景图片可以尽量选择单色，如此可以让店铺看起来清爽，并且突出主文案信息。

17.1 首页背景的分类

首页背景分为固定型、固定悬浮型、交替型和滚动型这4种类型，并且每一种类型的背景展示情况也不同。

17.1.1 固定型

固定型首页背景是一种固定化的页面背景。背景内容一般是一张平铺在整个页面中的大图，不会随着页面的移动而移动，在一定程度上可烘托店铺氛围，如图17-1和图17-2所示。

图17-1   图17-2

17.1.2 固定悬浮型

顾名思义，固定悬浮型首页背景就是指无论怎么下拉都会随着页面的下拉而悬浮移动的页面。这种类型的首页背景的使用特点是可以将页面中的重要内容持续展现在买家面前，但不能为全屏效果，否则遮挡悬浮的背景，如图17-3和图17-4所示。

图17-3   图17-4

17.1.3 交替型

交替型首页背景是一种当页面滚动时底层背景也会随之变化，但上层图像不会变换的一种页面背景，如图17-5和图17-6所示。

图17-5   图17-6

17.1.4 滚动型

滚动型首页背景是一种可滚动的页面背景。在使用过程中，页面中出现的滚动的动态效果可使原本静

止呆板的页面变得灵动起来，增强页面的趣味性，也提升用户的体验感，如图17-7和图17-8所示。

图17-7

图17-8

17.2 首页背景的制作方法

本节，我们来学习一下不同类型的首页背景的制作方法。

实战：制作固定型首页背景	
视频名称	制作固定型首页背景 .mp4
实例位置	实例文件 >CH17>03
技术掌握	叠加混合模式

制作好的固定型首页背景效果如图17-9所示。

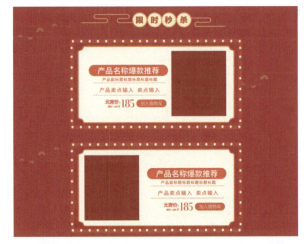

图17-9

✎ 操作步骤

01 **打开素材**。执行"文件>打开"命令，打开楼层图素材，观察素材图片，会发现这是一张年货节的商品楼层图，如果没有背景的装饰，整个画面会显得单调，少了很多趣味，如图17-10所示。

图17-10

02 添加背景。 设置前景色为红色（R:217, G:58, B:69），按快捷键Alt+Delete填充为背景的颜色，如图17-11所示。

图17-11

03 添加装饰元素。 调入素材"祥云"，将图层"混合模式"修改为"叠加"，让其和背景更好地融合，如图17-12所示。

图17-12

04 观察画面，发现背景依然有些单调，因此为其添加一些中国风传统元素，完成操作，如图17-13所示。

图17-13

实战：制作固定悬浮型首页背景

视频名称	制作固定悬浮型首页背景.mp4
实例位置	实例文件 >CH17>01
技术掌握	自定形状工具 / 文本工具

本案例要制作的是一个服装店铺的固定悬浮型首页背景，效果如图17-14所示。

图17-14

✏... **操作步骤**

01 新建文件。 执行"文件>新建"命令，在打开的"新建"对话框中设置"名称"为"页面背景"，"宽度"为"1920像素"，"高度"为"1080像素"，"分辨率"为"72像素/英寸"，之后确认操作，完成新建，如图17-15所示。

图17-15

02 填充底色。设置前景色为灰色（R:189，G:189，B:189），然后按快捷键Alt+Delete填充颜色，如图17-16所示。

图17-16

03 新建辅助线。执行"视图>新建参考线"命令，分别新建一条"位置"为"458px"的竖直参考线和一条"位置"为"1435px"的竖直参考线，如图17-17和图17-18所示。

图17-17

图17-18

04 添加左侧文案。选择"直排文字工具"，然后设置"字体"为"思源黑体 Regular"，"颜色"为黑色，然后在画布中输入"一直下拉 更多惊喜"字样，如图17-19所示。之后感觉单独的文字太单调了，所以在文字的下方添加一个图标。选择"自定形状工具"，然后在选项栏中设置"填充"为黑色，"描边"为无，然后选择"形状"为"下拉箭头"，最后在文字下面拖动鼠标绘制出箭头形状，如图17-20所示。

图17-19

图17-20

05 制作右侧文案。执行"文件>打开"命令，打开"二维码"素材，然后放置到画布中的合适位置。选择"横排文字工具"，在画布中单击并输入"扫描有惊喜"字样，然后设置"字体"为"思源黑体 Regular"，"颜色"为黑色，操作完成，如图17-21所示。

图17-21

实战：**制作交替型首页背景**

视频名称	制作交替型首页背景 .mp4
实例位置	实例文件 >CH17>02
技术掌握	传奇美工助手

制作好的交替型首页背景效果如图17-22所示。

图17-22

✎ **操作步骤**

01 打开软件。打开"传奇美工助手"软件，然后在软件中选择"专业特效>背景交替"功能，如图17-23所示。

图17-23

02 设置链接。 在打开的"背景交替全屏海报"面板中，将悬浮图链接放置在"悬浮海报"输入框中，将海报图链接放置在"固定背景"输入框中，"链接地址"可以根据自己的需求来进行填写，设置完成后，单击"生成并复制"按钮即可，如图17-24所示。

图17-24

03 登录网站。 进入"淘宝网"页面，在页面右上方单击"卖家中心"选项，如图17-25所示。在打开的页面中输入账号和密码，单击"登录"按钮，登录淘宝网，如图17-26所示。

图17-25

图17-26

04 进入装修页面。 在打开的页面中单击"店铺管理"一栏下方的"店铺装修"选项，进入"店铺装修"页面，如图17-27所示。

图17-27

05 编辑代码。 在打开的页面中添加自定义模块，单击自定义模块右上角的"编辑"按钮，如图17-28所示。单击"源码"按钮，设置标题为"不显示"，将生成的代码粘贴到里面即可，如图17-29所示。最终效果如图17-30所示。

图17-28

图17-29

图17-30

制作好的滚动首页背景效果如图17-31所示。

图17-31

✎ 操作步骤

01 **打开软件**。打开"传奇美工助手"软件，然后在软件中选择"专业特效>背景层滚动"功能选项，如图17-32所示。

图17-32

02 **设置链接**。在打开的"背景层滚动"面板中将背景图片链接放置在"背景图片"输入框中，并将滚动图片链接放置在"滚动图片"输入框中，"距离顶部""距离左边""滚动速度"及"滚动方向"可以根据自己的需求来进行填写。设置完成后，单击"生成并复制"按钮，完成链接生成和复制操作，如图17-33所示。

图17-33

03 **登录淘宝网**。进入"淘宝网"页面，在页面右上方单击"卖家中心"选项，然后在打开的页面中输入账号和密码，并单击"登录"按钮，登录淘宝网，接着在打开的页面中单击"店铺管理"一栏下方的"店铺装修"选项，进入"店铺装修"页面，如图17-34所示。

图17-34

04 **编辑代码**。在打开的页面中添加自定义模块，然后单击自定义模块右上角的"编辑"按钮，并单击"源码"按钮，设置标题为"不显示"，将生成的代码粘贴到里面，即可完成操作，如图17-35所示。最终效果如图17-36所示。

图17-35

图17-36

拓展练习：制作一个固定悬浮型首页背景

制作好的固定悬浮型首页背景如图17-37所示。

图17-37

第 *18* 章

直通车图的设计

直通车是为淘宝卖家量身定制的，并且按点击付费的效果营销工具，主要作用是实现宝贝的精准推广。淘宝直通车的推广形式是用一个点击让买家进入店铺，然后查审一次甚至多次的店铺内跳转流量。这种以点带面的关联效应可以降低整体推广的成本，提高整体的关联营销效果。

18.1 直通车的分类

直通车分为店铺直通车和产品直通车两种类型。

18.1.1 店铺直通车

店铺直通车可以链接到店铺首页或者活动页，一般展示在搜索列表的右侧位置。不同于产品直通车图的是，在店铺页面中，店铺直通车图要往下拉4~5屏才能看得到。店铺直通车图尺寸为210像素×315像素（最小展示尺寸：180像素×270像素），如图18-1~图18-4所示。

图18-1

图18-4

图18-2

图18-3

18.1.2 产品直通车

产品直通车可以链接到产品详情页，一般展示在搜索列表的右侧或列表的底部。产品直通车图尺寸为800像素×800像素（最小展示尺寸：200像素×200像素），如图18-5~图18-7所示。

图18-5

图18-6

图18-7

小提示

这里为什么要强调直通车图的最小尺寸呢？因为在直通车图的实际应用当中，直通车图片的尺寸会根据显示器的大小而调整，这就是所说的"自适应"。因此，在设计直通车图时我们应该注意到不同环境下的直通车图展示效果，同时以合适的尺寸进行匹配才合适。

18.2 直通车图设计的基本流程

直通车图的设计，主要分3个步骤来进行。

18.2.1 根据产品标题和卖点提炼文案

文案提炼的成功与否，直接关系到是否能迅速吸引买家进行关注。在根据产品标题和卖点提炼文案时，要尽量做到简洁精准，避免过多的文字干扰买家视线，如图18-8所示。

图18-8

18.2.2 选产品图和确定主色调

选产品图对于直通车图尤为关键。淘宝店铺装修时的一切设计都是围绕产品主体出发的，因而在设计直通车图之前，必须先选好要使用的产品图片，再去确定直通车图的主色调，如图18-9～图18-14所示。

图18-9

图18-10

图18-11

¥270.00　　1011人付款
自然堂雪域水乳套装 护肤品女补水保湿水乳套装 学生

¥539.00　　30638人付款
欧莱雅复颜抗皱紧致护肤品套装女士补水保湿抗衰老

掌柜热卖

图18-12

¥13.90　　10人付款
多功能不锈钢取碗夹碗器抓盘器防烫夹碗碟夹盘夹

¥14.50　　26人付款
家居用品用具居家百货店生活日用品家用日用小东西

掌柜热卖

图18-13

¥48.00　　67人付款
毕业　　生日礼物女家用小东西送男朋友实用创

¥15.80　　145人付款
牙刷架浴室卫生间用品用具厨房家用生活创意实用居

图18-14

18.2.3 使文案与产品图相互配合

产品图与文案的配合越好，往往点击率越高，但与此同时也需要在设计中抓住产品卖点，然后通过文案的设计加以体现，不然则达不到通过直通车图点击付费增加流量的真正目的，如图18-15~图18-17所示。

图18-15

图18-16

图18-17

18.3 常见的直通车图的构图方式

直通车图的常见构图方式有左右构图、上下构图和对角线构图这3种类型。

18.3.1 左右构图

左右构图是一种很常见的直通车图构图方式。其优点是大方、严谨，但是在设计时需要注意选择合适的图形素材，并且文案需要层次分明且表达清晰才行，如图18-18~图18-20所示。

图18-18

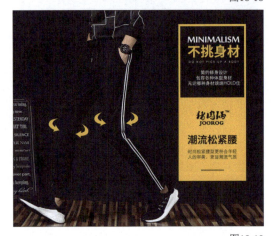

图18-19

图18-20

18.3.2 上下构图

上下构图这种直通车图构图方式适合产品图较宽，且图片放置到画面中后，上下有较多剩余空间的直通车图设计。在此类型的直通车图设计中，如果产品偏大气、稳重，可以将文字排列在产品的上方，如果产品偏小巧、轻盈，可以将文字排列在产品的下方位置，如图18-21~图18-23所示。

图18-21

图18-22

图18-23

18.3.3 对角线构图

如果产品整体形状偏细长，例如铅笔、钓鱼竿这种类型的产品，建议采用对角线构图的方式进行设计。这样可以保证产品有足够的展示空间，且展示效果也更直观。同时，在设计中对于一些想要表现出动感效果的产品，我们也可以对角线构图的方式对产品进行倾斜放置处理，如图18-24~图18-26所示。

图18-24

图18-25

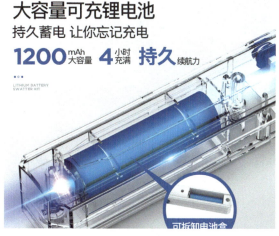

图18-26

实战：制作剃须刀直通车图

视频名称	制作剃须刀直通车图 .mp4
实例位置	实例文件 >CH18>01
技术掌握	圆角矩形 / 文本工具

本案例采用黑色为主色调，搭配青绿色作点缀，采用了经典的左右构图方式，其优点是大方、严谨，如图18-27所示。

图18-27

✎... **操作步骤**

01 新建文件。启动Photoshop，执行"文件>新建"命令，在打开的"新建"对话框中设置"名称"为"直通车"，"宽度"为"800像素"，"高度"为"800像素"，"分辨率"为"72像素/英寸"，之后确认操作，完成新建，如图18-28所示。

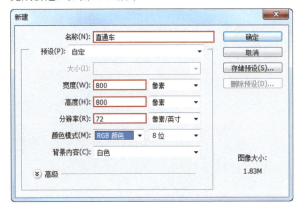

图18-28

02 调入背景和产品。执行"文件>打开"命令，打开"背景"素材，将背景调入画面，并放置到画布中的合适位置，如图18-29所示。之后使用相同的方法调入"商品"素材，如图18-30所示。

图18-29　　　　　　　　　　　　图18-30

03 添加标题。在画布中输入"进口刀头"字样，然后设置"字体"为"思源黑体 Regular"，"颜色"为绿色（R:178，G:253，B:12），如图18-31所示。之后在主标题的下方单击并输入"三刀头浮动旋转"字样，并修改"颜色"为白色，同时适当调整其大小，如图18-32所示。

图18-31

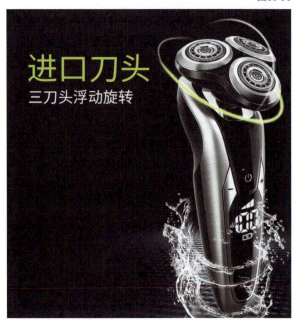

图18-32

04 执行"文件>打开"命令，打开"装饰文字"素材，然后将文字调入画面，并放置到画布中的合适位置，如图18-33所示。

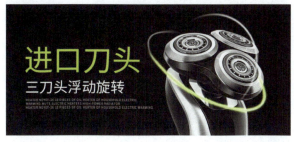

图18-33

05 添加细节文案。选择"圆角矩形工具" ▢，然后在选项栏中设置"填充"为由绿色（R:185，G:255，B:0）到绿黄色（R:255，G:254，B:1）的渐变色，并设置"半径"为"20像素"，如图18-34和图18-35所示。在左侧的位置绘制一个圆角矩形，并将圆角矩形图层置于商品图层的下方，如图18-36所示，最终效果如图18-37所示。

图18-34

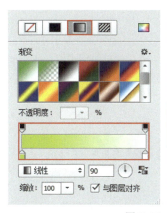

图18-35

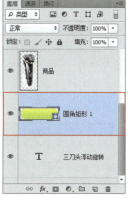

图18-36

图18-37

06 在画布中输入"干湿两用设计"字样，然后设置"字体"为"思源黑体 Regular"，"颜色"为黑色，如图18-38所示。输入"全身水洗"字样，然后设置"字体"为"思源黑体Bold"，其他设置保持不变，如图18-39所示，最终效果如图18-40所示。

图18-38

图18-39

图18-40

07 在画布中输入"舒适贴面 一次剃净 >>"字样，然后设置"字体"为"思源黑体 Regular"，"颜色"为白色，如图18-41所示，最终效果如图18-42所示。

图18-41

图18-42

08 添加价格文案。 在画布中输入"419"字样，然后设置"字体"为"思源黑体Bold"，接着使用"移动工具" ▶﹢ 选中文字图层，并在"图层"面板下方单击"添加图层样式"按钮 _fx_，在上拉菜单中选择"渐变叠加"选项，再在弹出的对话框中设置"渐变"为绿色（R:185，G:255，B:0）到绿黄色（R:255，G:254，B:1）的渐变色，如图18-43和图18-44所示。之后将"419"文字图层复制一份，并修改内容为符号"¥"字样，并调整符号大小，最后放置到图片中的合适位置，完成操作，如图18-45所示。

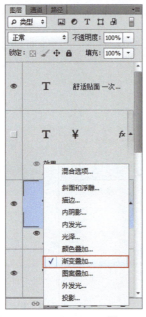

图18-43

图18-45

<table>
<tr><td colspan="2">**实战：制作净水机直通车图**</td></tr>
<tr><td>视频名称</td><td>制作净水机直通车图 .mp4</td></tr>
<tr><td>实例位置</td><td>实例文件 >CH18>02</td></tr>
<tr><td>技术掌握</td><td>文本 / 直线工具</td></tr>
</table>

本案例采用黄色为主色调，然后采用青绿色作为点缀，给人以安全、温馨的感受，采用经典的左右构图方式，给人以大方、严谨的感受，如图18-46所示。

图18-46

🖊 **操作步骤**

01 新建文件。 执行"文件>新建"命令，在打开的"新

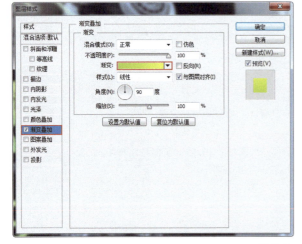

图18-44

建"对话框中设置"名称"为"简约净水器小家电直通车图","宽度"为"800像素","高度"为"800像素","分辨率"为"72像素/英寸"。之后确认操作，完成新建，如图18-47所示。

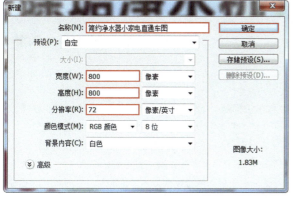

图18-47

02 调入主素材。执行"文件>打开"命令，在弹出的对话框中打开所需素材，然后将背景和产品素材调入画面，并放置在画布中的合适位置，如图18-48所示。

图18-48

03 添加标题。在画布中输入"厨房除垢净水机"字样，然后设置"字体"为"思源黑体 Bold"，"颜色"为深红色（R:58，G:0，B:0），如图18-49所示。之后在主标题的下方单击并输入"七级过滤"字样，并修改"颜色"为白色，同时适当调整其大小，如图18-50所示。

图18-49

图18-50

04 添加文案。在画布中输入"健康生活好帮手"字样，然后设置"字体"为"思源黑体Regular"，"颜色"为粉红色（R:255，G:25，B:70），如图18-38所示。使用"直线工具"在文字上下方添加分隔线，如图18-51所示。

图18-51

05 调入装饰素材。执行"文件>打开"命令，将提前准备好的装饰素材和文案调入画面，并整体调整画面，最终效果如图18-52所示。

图18-52

实战：制作空气炸锅直通车图

视频名称	制作空气炸锅直通车图 .mp4
实例位置	实例文件 >CH18>03
技术掌握	圆角矩形 / 文本 / 直线 / 钢笔工具

本案例采用室内场景作为背景，给人一种很舒心的感受，采用了经典的左右构图方式，给人以大方、严谨的视觉感受，如图18-53所示。

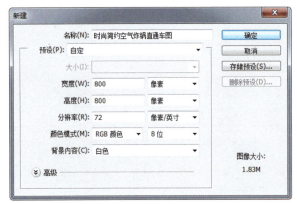

图18-53

✎ 操作步骤

01 新建文件。执行"文件>新建"命令，在打开的"新建"对话框中设置"名称"为"时尚简约空气炸锅直通车图"，"宽度"为"800像素"，"高度"为"800像素"，"分辨率"为"72像素/英寸"。之后确认操作，完成新建，如图18-54所示。

图18-54

02 调入素材。执行"文件>打开"命令，将背景素材和产

品素材调入画面，并放置到画布中的合适位置，如图18-55所示。

图18-55

03 添加主标题。在画布中输入"无需用油玩转烘焙"字样，然后设置"字体"为"思源黑体 Bold"，"颜色"为黑色，如图18-56所示。在"图层"面板下方单击"添加图层样式"按钮 *fx.*，在上拉菜单中选择"渐变叠加"命令，并在弹出的对话框中设置"混合模式"为"正常"，"渐变"为从粉色（R:248，G:87，B:166）到红色（R:255，G:88，B:88）的渐变，"样式"为"线性"，如图18-57所示。

图18-56

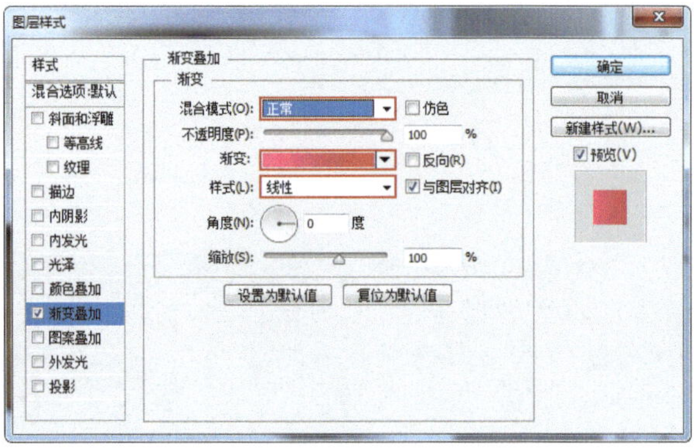

图18-57

04 在"图层样式"对话框中勾选"投影"选项，然后在"投影"设置界面中设置"混合模式"为"整片叠底"，"颜色"为蓝色（R:16，G:86，B:181），"不透明度"为"13%"，"角度"为"90度"，"距离"为"8像素"，"大小"为"6像素"，如图18-58所示。切换到"描边"设置界面，在该界面中设置"大

小"为"6像素","位置"为"外部","颜色"为白色,如图18-59所示。最终效果如图18-60所示。

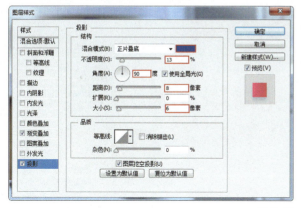

图18-58

图18-61

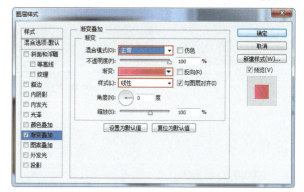

图18-62

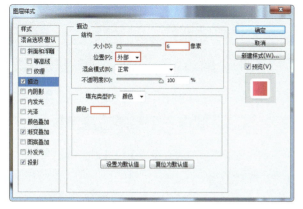

图18-59

图18-63

06 添加促销标签。选择"圆角矩形工具" ，然后设置"填充"为粉色(R:255,G:50,B:90)到红色(R:255,G:77,B:59)的渐变,"样式"为"线性","角度"为"0","半径"为"50像素",如图18-64所示。之后在副标题下方绘制一个圆角矩形,如图18-65所示。

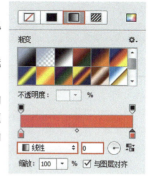

图18-64

图18-60

05 添加副标题。在画布中输入"全新循环加热技术"字样,然后设置"字体"为"思源黑体 Regular","颜色"为粉色(R:255,G:54,B:87)。选择"直线工具" ,设置"填充"为"黑色","描边"为"无",然后在文字上方绘制一条直线,如图18-61所示,接着在"图层"面板下方单击"添加图层样式"按钮 ,在上拉菜单中选择"渐变叠加"命令,并在弹出的对话框中设置"混合模式"为"正常","渐变"为从粉色(R:248,G:87,B:166)到红色(R:255,G:88,B:88)的渐变,"样式"为"线性",效果如图18-62所示。最后将制作好的直线复制一份并放到文字下面,如图18-63所示。

图18-65

07 选择"横排文字工具" T，然后在画布中输入"领券下单优惠"字样，设置字体为"思源黑体 Regular"，"颜色"为白色（R: 255, G:255, B: 255），并适当调整文字大小，并将其放置到画布中的合适位置，如图18-66所示。使用"椭圆工具" ○ 绘制一个白色的圆，然后在圆上添加"领优惠券"字样，并设置字体为"思源黑体 Regular"，"颜色"为红色（R:235, G:15, B:0），如图18-67所示。

图18-66

图18-67

08 绘制底部形状。选择"矩形工具" ▣，然后设置"填充"为红色（R:195,G:44,B:26），"描边"为"无"，并在画面中绘制一个红色矩形，如图18-68所示。

图18-68

09 完善画面。选择"钢笔工具" ⌀，设置"工具模式"为"形状"，"填充"为黄色（R:246, G:227, B:185），"描边"为"无"，然后在画面中绘制一个不规则形状，接着使用"钢笔工具" ⌀ 在左侧添加一个高亮效果，并在相接处绘制深黄色（R:117, G:90，B:23）小三角形，作为暗部效果，如图18-69所示。

图18-69

10 调入提前制作好的文案素材和LOGO素材，并放置到画布中的合适位置，完成操作，如图18-70所示。

图18-70

拓展练习： 制作一个剃须刀直通车图

制作好的剃须刀的直通车图效果如图18-71所示。

图18-71

第 *19* 章

钻展图设计

钻展，即淘宝网站中的钻石展位，是淘宝图片类广告位竞价平台，操作形式是花钱在淘宝首页或其他位置做广告。钻展的付费分为两种方式，第1种是按照展示付费，第2种是按照点击付费，计费单位是"每千次浏览单价"。钻展是专门为有更高信息发布需求的卖家量身定制的产品，比较适合中等以上的卖家使用。钻展可以迅速打响品牌，但转化率不如直通车高。

19.1 钻展图的分类

钻展图根据推广形式可分为单品推广、活动店铺推广和品牌推广这3种形式。

19.1.1 单品推广

单品推广形式钻展图适合热卖单品和季节性单品使用，适合想要打造爆款，通过一个爆款单品带动整个店铺的销量的卖家使用，也适合需要长期引流，并不断提高单品页面的转化率的卖家使用，如图19-1所示。

图19-1

19.1.2 活动店铺推广

活动店铺推广形式的钻展图适合有一定活动运营能力的成熟店铺使用，也适合需要在短时间内大量引流的店铺使用，如图19-2所示。

图19-2

19.1.3 品牌推广

适合有明确品牌定位和品牌个性的卖家使用，如图19-3所示。

图19-3

19.2 钻展图的制作

钻展图的制作主要讲究简洁、大气，将店铺想要推广的信息清晰展现出来即可，无须过多的修饰元素。

实战：制作家用榨汁机钻展图

视频名称	制作家用榨汁机钻展图.mp4
实例位置	实例文件>CH19>01
技术掌握	画笔/文本/矩形工具、图层样式

这是一个榨汁机的钻展图，将渐变黄作为背景，给人一种安全舒适的感受。版式采用了居中排版方式，给人以高贵、大方的视觉感受，如图19-4所示。

图19-4

✎ **操作步骤**

01 新建文件。执行"文件>新建"菜单命令，在打开的"新建"对话框中设置"名称"为"简约榨汁机料理家用电器钻展图"，"宽度"为"520像素"，"高度"为"280像素"，"分辨率"为"72像素/英寸"，之后单击"确定"按钮，完成新建，如图19-5所示。

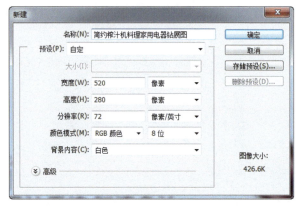

图19-5

02 制作背景。设置前景色为黄色（R:255，G:239，B:219），然后按快捷键Alt+Delete填充前景色，接着执行"滤镜>杂色>添加杂色"命令，在弹出的对话框中设置"数量"为"3%","分布"为"高斯分布",同时勾选"单色",最后单击"确定"按钮,确认操作。参数设置对话框如图19-6所示,最终效果如图19-7所示。

图19-6   图19-7

03 添加亮光。为了使画面更有层次感并突出主题,在画面中心添加一个亮光效果。选择"画笔工具" ,设置前景色为亮黄色(R:252,G:247,B:240),"硬度"为"0%",并将画笔设置到合适大小。新建一个空白图层,在画面中心处单击一下,添加亮光,最后设置图层的"混合模式"为"柔光",效果如图19-8所示。

图19-8

04 添加商品图。执行"文件>打开"菜单命令,将产品素材调入画面,按快捷键Ctrl+T执行"自由变换"命令,调整商品的大小和角度,并将其放置到画布中的合适位置,如图19-9所示。

图19-9

05 在"图层"面板下方单击"添加图层样式" 按钮 ,在上拉菜单中选择"投影"命令,打开"图层样式"对话框,然后在"投影"设置界面中设置"混合模式"为"正常","颜色"为深黄色(R:98,G:46,B:0),"不透明度"为"55%","角度"为"103度","距离"为"7像素","扩展"为"0%","大小"为"24像素",如图19-10所示,最终效果如图19-11所示。

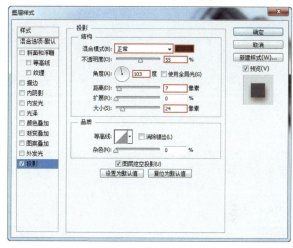

图19-10

图19-11

06 在添加好图层样式的商品图层上单击鼠标右键,在弹出的快捷菜单中选择"拷贝图层样式"选项,如图19-12所示。在需要添加图层样式的其他两个商品图层上单击鼠标右键,在弹出的菜单中选择"粘贴图层样式"选项,即可完成图层样式的添加,添加好的画面效果如图19-13所示。

图19-12

图19-13

07 添加文案。在画布中输入"满198减100"字样，然后设置"字体"为"思源黑体 ExtraLight"，"颜色"为黑色。为了更加突出价格的优势，选中"198"和"100"字样，设置字体为"Penumbra Sans Std"，"颜色"为红色（R:213，G:44，B:44）。在画布中输入"果汁无渣 鲜淳多汁"字样，然后设置"字体"为"思源黑体Normal"，"颜色"为深紫色（R:69，G:5，B:36），如图19-14所示。

图19-14

08 添加"立即抢购"按钮。选择"矩形工具" ▢ ，设置"填充"为"黑色"，"描边"为"无"，然后在文字下面绘制矩形，接着在矩形中输入"立即抢购"字样，然后设置"字体"为"思源黑体 Regular"，"颜色"为白色，如图19-15所示。执行"文件>打开"菜单命令，打开装饰素材，然后在需要装饰元素的地方单击鼠标右键，在弹出的快捷菜单中选择"粘贴图层样式"选项，即可完成装饰元素的添加，最后结束操作，如图19-16所示。

图19-15

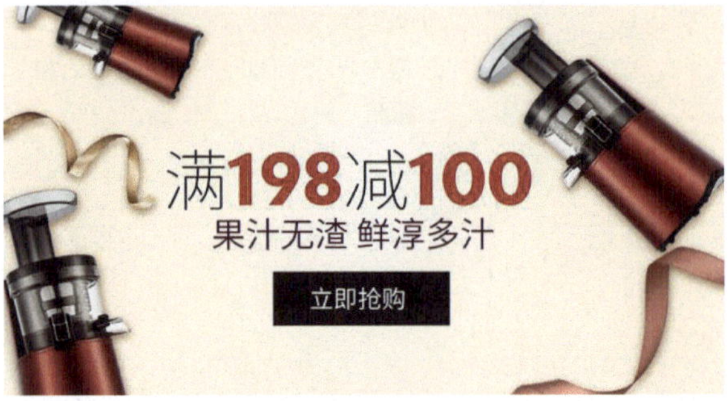

图19-16

实战：	制作食品店铺的钻展图
视频名称	制作食品店铺的钻展图 .mp4
实例位置	实例文件 >CH19>02
技术掌握	图层样式、文本 / 矩形工具

　　这是一个食品店铺的钻展图，整体色彩方面选择黄色，版式采用了压四角的方式，给人以灵动的感受，如图19-17所示。

图19-17

✎ **操作步骤**

01 新建文件。执行"文件>新建"命令，在打开的"新建"对话框中设置"名称"为"钻展"，"宽度"为"520像素"，"高度"为"280像素"，"分辨率"为"72像素/英寸"。之后确认操作，完成新建，如图19-18所示。

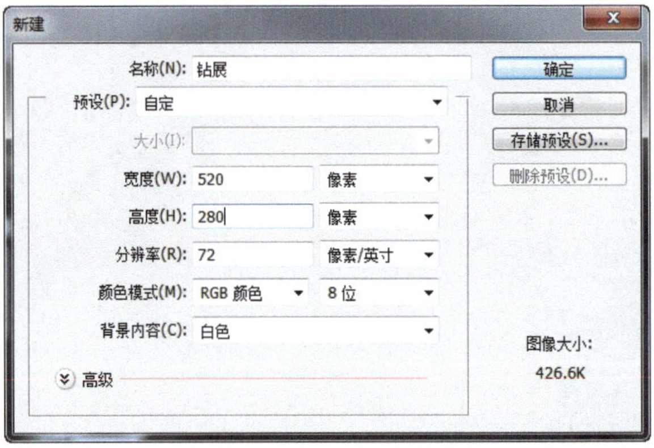

图19-18

02 设置底色。设置前景色为黄色（R:255，G:221,B:1），按快捷键Alt+Delete填充，如图19-19所示。

图19-19

03 添加文案底框。选择"矩形工具" ▭，然后设置"填充"为红褐色（R:48，G:41，B:40），"描边"为"无"，在画面中绘制矩形，如图19-20所示。在"图层"面板下方单击"添加图层样式" 按钮 *fx*，在上拉菜单中选择"投影"命令，然后在弹出的对话框中设置"不透明度"为"23%"，"大小"为"4像素"，"距离"为"7像素"，"角度"为"120度"，"颜色"为红褐色（R:48，G:41，B:40），如图19-21所示。勾选"图案叠加"选项，然后设置"不透明度"为"70%"，"混合模式"为"叠加"，"图案"为"纤维纸"，缩放为"27%"，如图19-22所示。最终效果如图19-23所示。

图19-20

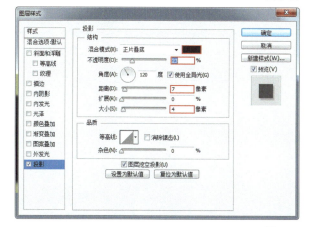

图19-21

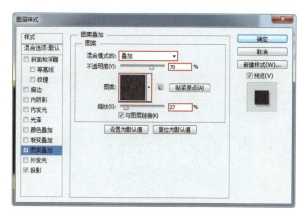

图19-22

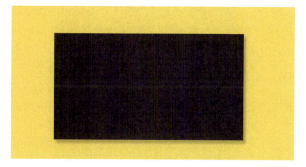

图19-23

04 调入素材。执行"文件>打开"命令，将食品素材调入画面，并放置在画面的四周，如图19-24所示。

图19-24

05 添加主标题。在画布中输入"元任选件"字样，然后设置"字体"为"思源黑体Bold"，"颜色"为白色，并将"件"字单独调开，如图19-25所示。

图19-25

06 按照同样的方法在画布中输入"88"和"6"字样，然后设置"字体"为"华康手札体-w5"，"颜色"为白色，如图19-26所示。

图19-26

07 在"图层"面板下方单击"添加图层样式"按钮 fx.，在上拉菜单中选择"投影"命令，然后在弹出的对话框中设置"不透明度"为"40%"，"大小"为"5像素"，"距离"为"5像素"，"角度"为"120度"，"颜色"为红褐色（R:48，G:41，B:40），如图19-27所示。之后在图层上单击鼠标右键，在弹出的快捷菜单中选择"拷贝图层样式"选项，将复制的样式添加到其他文案中，效果如图19-28所示。

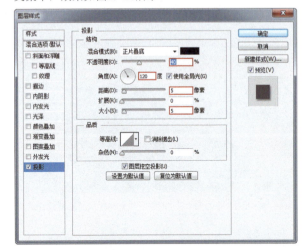

图19-27

图19-28

08 **完善画面**。用同样的方法制作其他文案，如图19-29所示。

图19-29

拓展练习：制作一个食品店铺钻展图

制作好的食品店铺钻展图效果如图19-30所示。

图19-30

第 **20** 章

电商设计综合实战案例详解

在前面的章节中，我们已经对电商设计的基础知识和各板块的设计有了一个比较清楚的认识和了解。本章将通过一个完整的实例教会读者系统地完成一个店铺的美术设计，帮助大家夯实设计基本功，并且进一步巩固学习成果。

20.1 案例概述

视频名称	"沫沫吃货零食店"的店铺设计 .mp4
素材位置	素材文件 >CH20
技术掌握	钢笔 / 形状 / 文本工具

本章，笔者以一家叫"沫沫吃货零食店"的店铺为例，给大家讲解一下电商设计的全流程应该是什么样的，如图20-1所示。设计的流程为：店铺风格的定位与框架搭建→确定尺寸→店招设计→导航栏设计→海报设计→宝贝列表设计→详情页设计→页尾设计→优惠券设计→客服中心栏设计→直通车图设计→钻展图设计。

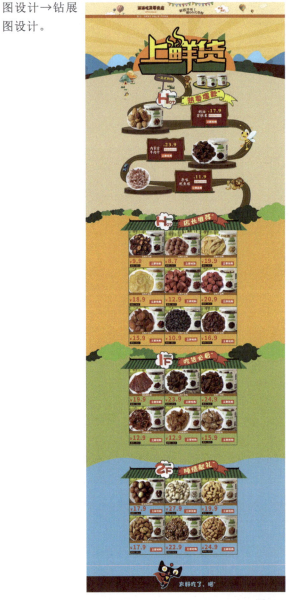

图20-1

下面，笔者对店铺的风格定位、框架搭建与尺寸确定做一个简单介绍，共3个步骤：分析文案，确定店铺风格→根据文案，确定首页模块数量，搭建框架→确定尺寸，准备开始设计。

20.1.1 确定店铺风格

店铺风格一般受品牌文化、产品信息、客户群体、市场环境和季节等因素影响。"沫沫吃货零食店"这个店铺的购买群体是18~35岁的人，产品主要都是零食。根据产品基本属性、受众群体和市场环境这3点进行分析，我们把店铺风格确定为卡通扁平风格。

20.1.2 确定模块数量，搭建框架

根据对文案的分析与了解，这里我们确定出店铺的模块分为店招+导航栏、全屏海报、爆款推荐、店长推荐、倾情献礼及页尾。准备一张白纸，然后进行框架的设定，方便后续用软件对内容进行设计与组合时，能有一个比较明确的参考，如图20-2所示。

图20-2

20.1.3 确定尺寸

在当下的网店设计中，首页以全屏居多，宽度为1920像素，除店招高度为150像素以外，其他高度都是自定义的。主图常见尺寸为800像素×800像素，淘宝的详情页宽度是750像素，天猫的详情页宽度是790像素，高度自定义。上传支持JPGE、GIF和PNG格式，且其中GIF就是通常见到的动态店招的格式。

20.2 店招 / 导航栏设计

在网店设计中，店招的设计尤为重要。因为它是一个很好的形象展示窗口，一个好的店招可以让买家

一眼就看出店铺要卖的是什么产品，并产生进一步关注的欲望。制作好的店招效果如图20-3所示。

图20-3

20.2.1 设计前的构思

店招构图上采用居中对齐形式，以淡黄色打底，将店铺名称"沫沫吃货零食店"与"收藏我们"字样分割开来，结构均衡，视觉效果突出又醒目；配色上以黄色为主色调，并带有深浅变化，既体现出层次感，又让整体效果和谐统一，黄色让我们联想到卡通，并感受到活力气氛，给人一种"萌"的感觉；素材上采用店庆时所用的"吊旗"素材作为点缀，给整体增加一些动感效果，并搭配氢气球元素，让整体视觉效果更加丰富；文字上主标题、副标题层次表现要清晰，填充较深一些的黄黑色，使其与整体效果相融合。

20.2.2 操作步骤

01 新建文件。 执行"文件>新建"命令，在"新建"对话框中设置"名称"为"店招/导航栏设计"，"宽度"为"1920像素"，"高度"为"150像素"，"分辨率"为"72像素/英寸"，如图20-4所示。

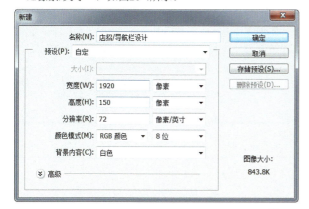

图20-4

02 显示和设置标尺。 按快捷键Ctrl+R显示标尺，选择"移动工具"，在显示出的标尺区域单击鼠标右键，在弹出的快捷菜单中勾选"像素"选项，如图20-5所示。

图20-5

03 设置参考线。 执行"视图>新建参考线"命令，在打开的对话框中选择"垂直"选项，设置"位置"为"485"，如图20-6所示。再次执行"视图>新建参考线"命令，打开对话框，同样选择"垂直"选项，并设置"位置"为"1435"，如图20-7所示。再一次执行"视图>新建参考线"命令，打开对话框，然后选择"水平"选项，设置"位置"为"120"，如图20-8所示。设置好的参考线效果如图20-9所示。

图20-6

图20-7 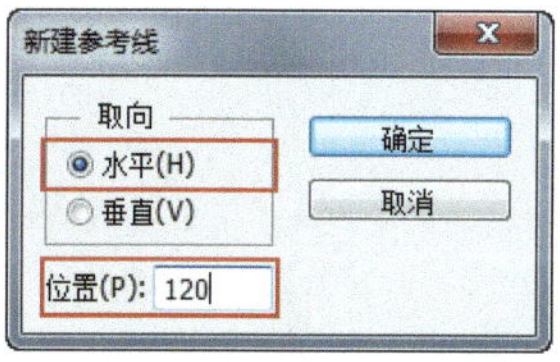　　　　　　　　　　图20-8

图20-9

04 添加底色和主标题。 在工具箱中单击"设置前景色"按钮，在弹出的"拾色器"对话框中设置前景色为淡黄色（R:255，G:234，B:179），并按快捷键Alt+Delete填充底色。选择"横排文字工具"，在选项栏中设置"字体"为"站酷快乐体"，"字体大小"为"37点"，"颜色"为黑色（R:0，G:0，B:0），最后在靠近左侧参考线的位置单击并输入"沫沫吃货零食店"字样，如图20-10和图20-11所示。

图20-10

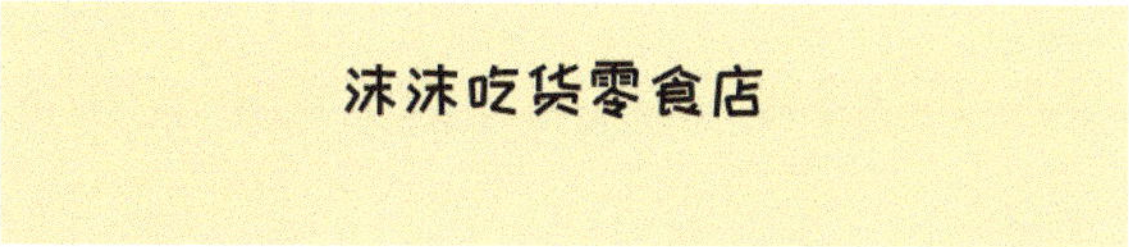

沫沫吃货零食店

图20-11

05 设置图层样式。 在"图层"面板底部单击"添加图层样式"按钮，在上拉菜单中选择"斜面和浮雕"命令，打开"图层样式"对话框，在"结构"一栏中设置"样式"为"外斜面"，"大小"为"5像素"，在"阴影"一栏中设置"角度"为"120度"，"高度"为"30度"，然后设置"高光模式"为"滤色"，"不透明度"为"22%"，设置"阴影模式"为"正片叠底"，"不透明度"为"46%"，如图20-12所示。

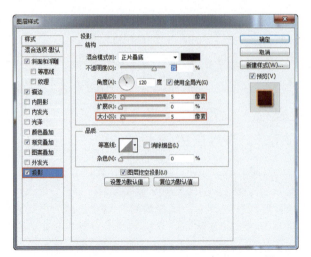

图20-12

06 勾选"描边"选项，在"结构"一栏中设置"大小"为"3像素"，然后填充为橘黄色（R:254，G:160，B:77），如图20-13所示。勾选"渐变叠加"选项，设置"渐变"为深红色（R:67，G:0，B:0）到深黄色（R:160，G:38，B:1）的渐变色，如图20-14所示。勾选"投影"选项，设置"颜色"为黑色（R:0，G:0，B:0），"距离"为"5像素"，"大小"为"5像素"，单击"确定"按钮，如图20-15所示。

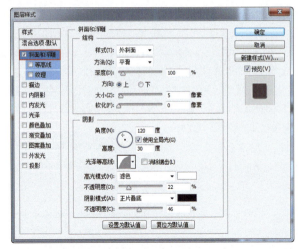

图20-15

07 设置副标题。在工具箱中选择"横排文字工具" T，在选项栏中设置"字体"为"思源黑体 Regular"，"字体大小"为"14点"，"颜色"为深橙色（R:222，G:106，B:3），如图20-16所示。在靠近主标题的下方位置单击并输入"—培养吃货的摇篮—"字样，如图20-17所示。

图20-16

图20-17

08 添加宣传语。在工具箱中选择"钢笔工具" ，在选项栏中设置"工具模式"为"路径"，如图20-18所示。之后在画布中绘制一条曲线，如图20-19所示。

图20-18

图20-13

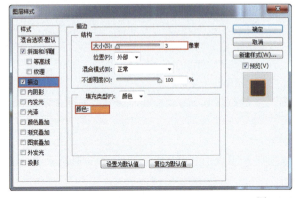

图20-19

09 选择"横排文字工具" T，在属性栏设置"字体"为"华康少女字体"，"字体大小"为"30点"，"颜色"为深橙色（R:82，G:32，B:1），如图20-20所示。在刚刚绘制的曲线上单击并输入"新店开张！"字样和"满66元包邮"字样，如图20-21所示。

图20-14

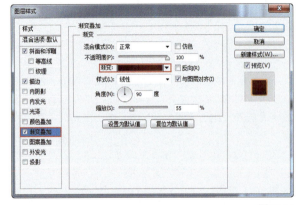

图20-20

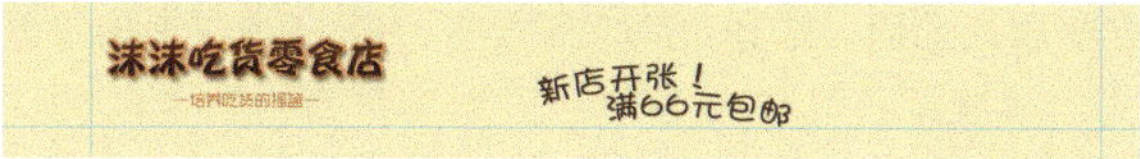

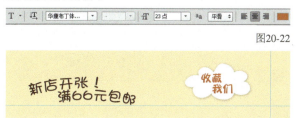

图20-21

10 添加"收藏我们"信息。选择"横排文字工具" T ，在选项栏中设置"字体"为"华康布丁体"，"字体大小"为"23点"，"颜色"为橙黄色（R:222，G:106，B:3），如图20-22所示。在画布右侧单击并输入"收藏我们"字样，然后拖入一张"云朵"素材图片，并将其放到文字下方作为装饰，如图20-23所示。

图20-22

图20-23

11 添加装饰元素。在工具箱中选择"钢笔工具" ，在选项栏中设置"工具模式"为"形状"，"填充"为"无"，"描边"为"黑色"（R:0，G:0，B:0），"描边宽度"为"1点"，如图20-24所示。在画布上方绘制一条曲线，如图20-25所示。

图20-24

图20-25

12 选择"钢笔工具" ，在选项栏中设置"填充"为黄色（R:247，G:188，B:32），"描边"为"黑色"（R:0，G:0，B:0），"描边宽度"为"1点"，如图20-26所示。在画布中绘制出一个三角形，并复制出多个，然后修改成不同的颜色，制作成彩旗的效果，接着按快捷键Ctrl+J将彩旗复制出一份，执行"编辑>变换>水平翻转"命令，对彩旗进行水平翻转处理。之后在彩旗上输入"HAPPY"字样，制作好的效果如图20-27所示。

图20-26

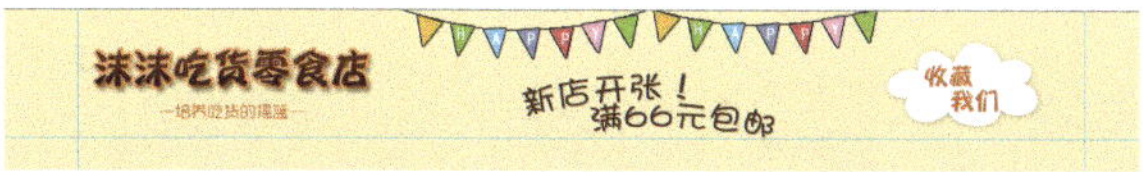

图20-27

13 添加整体装饰元素。到这一步，店招的基本效果已经出

来了，但是两边位置整体看显得有些空旷，所以这里我们为其添加一些装饰素材，制作好的店招效果如图20-28所示。

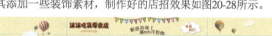

图20-28

14 制作导航栏。在工具箱中选择"矩形工具" ，然后在选项栏中设置"填充"为橙红色（R:222，G:106，B:3），如图20-29所示。在横向参考线的下方拖曳绘制出一个矩形条，如图20-30所示。

图20-29

图20-30

15 在工具箱中选择"横排文字工具" T ，在选项栏中设置"字体"为"思源黑体 Regular"，"字体大小"为"18点"，"颜色"为白色，如图20-31所示。在矩形上左侧的位置依次输入"首页""所有宝贝""新品上架"和"热卖商品"字样，并调整文字与文字的间距，制作好的导航栏效果如图20-32所示。

图20-31

图20-32

20.3 全屏海报设计

在店铺设计与装修中，全屏海报负责直达最新产品的详情页、店铺活动推广页，从而起到引流的作用，如图20-33所示。

图20-33

20.3.1 设计前的构思

全屏海报构图上采用居中形式，整体给人简洁、

大方的感觉；配色上依旧采用能给人带来活力感觉的黄色，并用绿色和蓝色进行点缀，画面整体体现出卡通的气氛，点明主题；对文字进行适当变形，避免采用现成的字体，否则会给人带来的一定的视觉疲劳感。

20.3.2 操作步骤

01 扩展画布。 执行"图像>画布大小"命令，在弹出的对话框中保持"宽度"不变，调整"高度"为"750像素"，在"定位"一栏中单击"上箭头"图标↑，如图20-34所示。完成后确认操作，得到如图20-35所示的页面效果。

图20-34

图20-35

02 添加底色。 在工具箱中选择"矩形工具" ▣，设置"填充"为黄色（R:250，G:235，B:80），然后沿着白色背景绘制一个矩形，作为海报的背景，如图20-36所示。

图20-36

03 添加地面。 选择"钢笔工具" ✐，在选项栏中设置"工具模式"为"形状"，"填充"为褐色（R:82，G:38，B:1），如图20-37所示。在海报底部绘制一个如图20-38所示的不规则图形。

图20-37

图20-38

04 添加山峰。 选择"钢笔工具" ✐，在选项栏中设置"填充"为深蓝色（R:28，G:139，B:184），然后在画面的左侧绘制一个如图20-39所示的不规则图形。

图20-39

05 选择"钢笔工具" ✐，在选项栏中设置"填充"为浅蓝色（R32，G:156，B:237），然后在画布中绘制一座山峰，如图20-40所示。

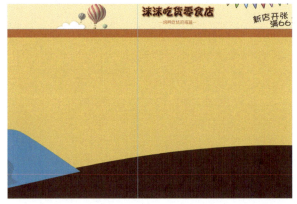

图20-40

06 再次选择"钢笔工具" ，在选项栏中设置"填充"为海蓝色（R140，G:218，B:254），并在画布中再绘制一座山峰，然后将选项栏中的"填充"修改为浅蓝色（R32，G:156，B:237），并在画布中绘制一个颜色较浅的山峰，绘制完成后的画面效果如图20-41所示。

图20-41

07 按照同样的方法，在画布的右边绘制出如图20-42所示的山峰。调整图层顺序，使山峰之间呈现出较好的遮挡关系，并使山峰与地面自然融合在一起，如图20-43所示。

图20-42

图20-43

08 添加冷库。我们都知道，一般干果为了保鲜会放到冷库里面进行保存。基于这样的思考，我们考虑在海报的中间位置添加一个冷库。单击"椭圆工具" ，在选项栏中设置"填充"为橙色（R:253，G:137，B:0），然后在海报中间绘制一个椭圆形，如图20-44所示。

图20-44

09 添加装饰元素。启动Illustrator，打开"云朵"素材图片，如图20-45所示。在这里，我们可以根据画面的实际需要选择对应的云朵形状，以充当海报中的"树"和"草"。在Illustrator中按快捷键Ctrl+C复制所需要的云朵素材，然后返回到Photoshop中，并按快捷键Ctrl+V进行粘贴，接着在弹出的"粘贴"对话框中选择"形状图层"选项，确认操作，如图20-46所示。双击图层缩览图，在弹出的"拾色器"对话框中设置颜色为深绿色（R:1，G:73，

B:0），如图20-47所示。之后按照同样的方法，将其他的素材也复制到画布中来，并进行适当设置与调整，制作好的页面效果如图20-48所示。

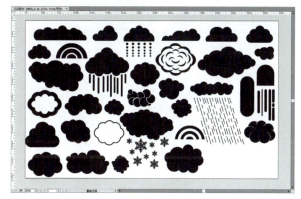

图20-45

图20-46

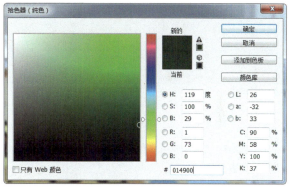

图20-47

图20-48

10 绘制树木。选择"钢笔工具" ，在选项栏中设置"工具模式"为"形状"，"填充"为绿色（R:78，G:150，B:51）。在画布中绘制一个三角形，单击图层面板下方的"添加图层样式"按钮 ，在弹出的快捷菜单中选择"投影"命令，接着在弹出的"图层样式"对话框中设置"不透明度"为"75%"，"角度"为"120度"，"距离"为"1

像素"，"大小"为"3像素"，确认操作，如图20-49所示。将绘制好的三角形状复制出多份，并调整处理成树木的形状，制作好的页面效果如图20-50所示。

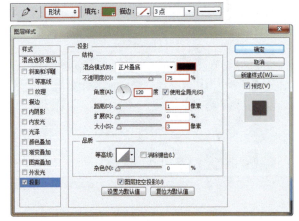

图20-49

图20-50

11 **添加文字**。在工具箱中选择"横排文字工具" T ，在选项栏中设置"字体"为"方正汉真广标"，"颜色"为黄色（R:254，G:242，B:0），如图20-51所示。在冷库图形上输入"上鲜货"字样，如图20-52所示。

图20-51

图20-52

12 **对文字进行变形处理**。在文字图层上方单击鼠标右键，在弹出的快捷菜单中选择"转换为形状"选项，将文字转换为形状。使用"直接选择工具" ↘ 选中文字的节点，对文字的部分笔画的形状进行适当调整，如图20-53所示，同时对不想要的笔画部分进行删除，如图20-54所示。

图20-53

图20-54

13 **给文字添加装饰元素**。为了更生动地表现出"鲜"这个字，我们将"鲜"字上方原来的笔画部分删除之后，考虑给其添加一个"冷气"的效果。在网上搜索，找到一个"S形状"素材，然后用"钢笔工具" ✐ 将其抠取出来，并进行适当变形调整后，放到文字的合适位置即可，最后按快捷键Ctrl+E对图层进行合并，制作好的页面效果如图20-55所示。

图20-55

14 **给字体添加描边效果**。在图层面板下方单击"添加图层样式"按钮 fx. ，在弹出的快捷菜单中选择"描边"选项，在打开的"图层样式"对话框中设置描边的"颜色"为"黑色"（R:0，G:0，B:0），"大小"为"12像素"，如图20-56所示，制作好的页面效果如图20-57所示。

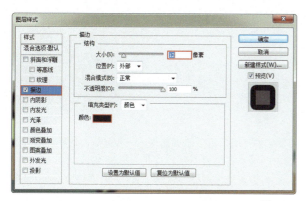

图20-56

图20-57

15 细节优化。选择"钢笔工具"，在选项栏中设置"工具模式"为"形状"，"填充"为深绿色（R:54，G:144，B:50），然后在文字底部的左右两侧分别绘制一个不规则图形，以起到填充底部的作用，制作好的页面效果如图20-58所示。

图20-58

16 在图层面板下方单击"添加图层样式"按钮，在弹出的快捷菜单中选择"描边"选项，在打开的"图层样式"对话框中设置描边的"颜色"为黑色（R:0，G:0，B:0），"大小"为"12像素"，如图20-59所示，制作好的页面效果如图20-60所示。

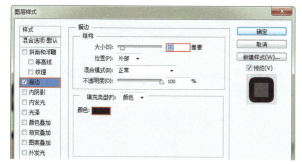

图20-59

图20-60

17 执行"文件>打开"命令，打开放射背景素材，将其调入画面，增加一些放射性光线用于点缀画面，避免太单调，如图20-61所示。

图20-61

18 选择"钢笔工具"，在选项栏中设置"工具模式"为"形状"，"填充"为橙黄色（R:54，G:144，B:50），如图20-62所示。在文字的下方位置绘制一个不规则图形，然后执行"图层>创建剪贴蒙版"命令，使绘制的图形自然融合到画面当中，最终制作好的全屏海报效果如图20-63所示。

图20-62

图20-63

20.4 宝贝列表设计

宝贝列表是用于展示店铺宝贝的一个模块，它可以将商家所需要展示或者主推的商品展示在页面上，方便买家选择和购买，如图20-64所示。

图20-64

20.4.1 设计前的构思

宝贝列表的构图采用S形形式，即产品和文案沿S形分布，这种构图形式有延伸、变化的特点，可以使画面看上去有韵律感，给人以优美、协调的感觉，同时对买家的视线也起到一定的引导作用；配色上采用和色调相符且给人带来活力感觉的黄色，同时用深红色进行点缀，并结合卡通字体，使页面的整体视觉效果自然又协调。

20.4.2 操作步骤

01 扩展画布。执行"图像>画布大小"命令，在弹出的对话框中保持"宽度"不变，设置"高度"为"5000像素"，然后在"定位"一栏中单击"上箭头"图标↑，如图20-65所示。确认操作，得到的页面效果如图20-66所示。

图20-65

图20-66

02 绘制列表上半部分。先从底色开始，选择"钢笔工具"，在选项栏中设置"工具模式"为"形状"，"填充"为浅黄色（R:230，G:210，B:160），如图20-67所示。在画布中绘制一个不规则形状，作为背景，如图20-68所示。

图20-67

图20-68

03 绘制路线。为了给画面增加一些趣味，让顾客在浏览页面时能觉得轻松一些，这里我们给页面添加一些路线元素装饰效果。选择"钢笔工具"，在选项栏中设置"工具模式"为"形状"，"填充"为深绿色（R:230，G:210，B:160），如图20-69所示。在画面中绘制一个不规则图形，如图20-70所示。

图20-69

图20-70

04 选择"钢笔工具"，在选项栏中设置"工具模式"为"形状"，"填充"为"无"，"描边"为深黄色（R:155，G:140，B:84），"描边类型"为"虚线"，如图20-71所示。沿着路线图形两边，绘制两条虚线，如图20-72所示。

图20-71

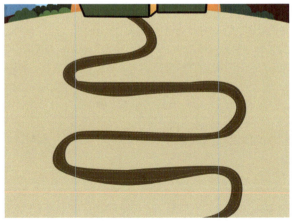

图20-72

05 置入商品图片。将"商品"素材图片调入画布，并调整各个商品到合适位置，如图20-73所示。

图20-73

06 添加黑板。选择"钢笔工具" ，在选项栏中设置"工具模式"为"形状"，"填充"为咖啡色（R:139，G:89，B:23），然后在画布中绘制一个形状，作为黑板外框，如图20-74所示。

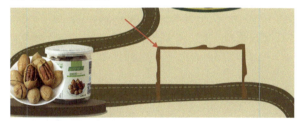

图20-74

07 选择"钢笔工具" ，在选项栏中设置"工具模式"为"形状"，"填充"为红色（R:138，G:23，B:22），然后沿着黑板边框内部绘制一个形状。在图层面板下方单击"添加图层样式"按钮 ，在弹出的快捷菜单中选择"内阴影"命令，然后在弹出的对话框中设置"不透明度"为"75%"，"角度"为"120度"，"距离"为"5像素"，"大小"为"5像素"，最后确认操作，如图20-75所示。制作好的黑板效果如图20-76所示。将制作好的黑板复制出几份，并调整到画布中的合适位置，如图20-77所示。

图20-75

图20-76

图20-77

08 添加商品信息。打开"文案"素材，然后将各文案分别摆放到对应商品旁边的合适位置，如图20-78所示。

图20-78

09 添加装饰元素。将"蜜蜂""狮子""汽车"及"草"等素材调入画布，并适当调整位置，增加画面的趣味，如图20-79所示。

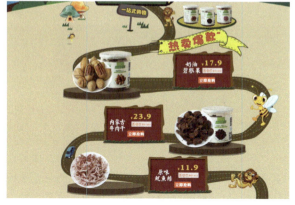

图20-79

10 绘制列表下半部分。从底色添加开始，选择"钢笔工具" ，在选项栏中设置"工具模式"为"形状"，"填充"为深黄色（R:246，G:184，B:41），如图20-80所示。然后绘制一个如图20-81所示的不规则图形，作为背景。

图20-80

图20-81

11 添加"草"元素。启动Illustrator，打开"云朵"素材。按快捷键Ctrl+C复制所需要的云朵素材，然后返回到Photoshop中，并按快捷键Ctrl+V进行粘贴。在弹出的"粘贴"对话框中选择"形状图层"选项，确认操作，如图20-82所示。双击图层缩览图，在弹出的"拾色器"对话框中设置颜色为深绿色（R:1，G:73，B:0），如图20-83所示。将其他的一些云朵素材调入画布，并进行调整和处理，制作好的页面效果如图20-84所示。

图20-82

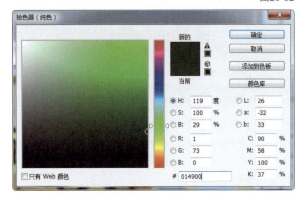

图20-83

图20-84

12 绘制屋顶。选择"钢笔工具"，在选项栏中设置"工具模式"为"形状"，将"填充"设置为绿色（R:0，G:136，B:54），如图20-85所示。然后在画布中绘制一个形状，作为屋顶，如图20-86所示。

图20-85

图20-86

13 选择"直线工具"，在选项栏中设置"填充"为深绿色（R:0，G:89，B:35），然后在绘制好的屋顶形状内部绘制一条条直线，如图20-87所示。

图20-87

14 选择"钢笔工具"，在选项栏中设置"工具模式"为"形状"，"填充"为黑色（R:0，G:0，B:0），然后在屋顶上方绘制一个如图20-88所示的不规则图形。

图20-88

15 绘制墙壁部分。选择"直线工具"，在选项栏中设置"描边"为深绿色（R:0，G:89，B:35），然后依照商品展示的需要绘制出墙体结构，如图20-89所示。

16 添加商品。为了确保调入画面的商品保持一样的大小，选择"矩形工具"，在画布中绘制9个相同大小的矩形框，如图20-90所示。

图20-89　　　　　　　　图20-90

17 在每个矩形框里置入商品图片，然后单独选中每个商品图片所在图层，接着执行"图层>创建剪贴蒙版"命令，将商品设置为矩形的剪贴蒙版，如图20-91所示。

图20-91

18 **添加商品文案。**选择"横排文字工具" T ，在选项栏中设置"颜色"为红色（R:232，G:10，B:26），然后在每个商品图片的下方输入对应的价格字样，如图20-92所示。

图20-92

19 给画面中的商品添加上一些对应的促销信息和文案，以在让画面显得更加丰富的同时，达到吸引顾客购买的目的，如图20-93所示。

图20-93

20 按照同样的方法，继续添加不同板块的商品信息，最终制作好的宝贝列表效果如图20-94所示。

图20-94

20.5 详情页设计

宝贝详情页是流量的第一入口，担负着留住流量、转化流量和引起买家购买欲望的任务。详情页设计分为首焦海报设计、产品基本信息栏设计、产品细节展示栏设计和售后说明栏设计这4个步骤。本节将以其中一款食品的详情页为例进行讲解。

20.5.1 首焦海报设计

首焦海报是详情页中最重要的一部分，因为它担负着留住顾客的任务，首焦海报如果做得成功，客户才会继续往下浏览，如图20-95所示。

图20-95

1. 设计前的构思

首焦海报色调上整体采用和首页一样的黄色调，这样做的目的一是符合整体的定位，二是和产品颜色也保持一致，给人一种和谐统一的感受。在构图时，将产品放在海报中间，可以让顾客第一眼就留意到产品，激起顾客的购买欲望。

2. 操作步骤

01 **新建文件。**执行"文件>打开"命令，在"新建"对话框中设置"名称"为"详情页"，"宽度"为"750像素"，"高度"为"3000像素"，"分辨率"为"72像素/英寸"，如图20-96所示。

图20-96

02 添加背景。 设置前景色为浅黄色（R:247，G:243，B:224），按快捷键Alt+Delete填充。执行"文件>打开"命令，打开"产品1"素材，并将其移动到画布中的合适位置，如图20-97所示。

图20-97

03 添加主标题。 在工具箱中选择"横排文字工具" T，然后在选项栏中设置"字体"为"思源黑体Bold"，"颜色"为白色（R:255，G:255，B:255），如图20-98所示，并在画面中添加"FRUIT"字样。之后添加"WALNUT"字样，并修改"字体"为"思源黑体Regular"，同时适当调整字体的大小，并放置到画布中的合适位置，如图20-99所示。

图20-98　　　　　　　　　　图20-99

04 添加副标题。 选择"矩形工具" ▣，在选项栏中设置"填充"为绿色（R:78，G:185，B:0），然后在主标题下方绘制一个矩形，如图20-100所示。之后在矩形上单击并输入"大自然的馈赠 鲜香甘甜酥脆"字样，并设置"字体"为"思源黑体Light"，"颜色"为白色，如图20-101和图20-102所示。

图20-100　　　　　　　　　图20-101

图20-102

05 添加细节。 选择"椭圆工具" ◉，设置"填充"为绿色（R:78，G:185，B:0），然后在按住Shift键的同时拖动鼠标，在画面中分别绘制一个较大的圆形和一个较小的圆形，并将它们放置到画布中的合适位置。之后将工具切换为"横排文字工具" T，然后在较大的圆形上单击并输入"椒盐核桃"字样，并设置"字体"为"思源黑体Medium"，"颜色"为白色，如图20-103和图20-104所示。

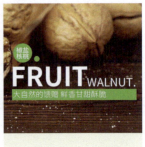

图20-103　　　　　　　　　图20-104

06 添加商品信息。 选择"椭圆工具" ◉，设置"填充"为"黑色"（R:0，G:0，B:0），"描边"为"白色"（R:255，G:255，B:255），设置"描边宽度"为"5点"，然后在按住Shift键的同时拖动鼠标，在画面中绘制一个更大一些的圆形，如图20-105和图20-106所示。执行"文件>打开"命令，打开"产品2"素材，并将其移动到绘制好的圆形上，之后在"产品2"素材图层上单击鼠标右键，在弹出的菜单中选择"创建剪贴蒙版"选项，以产品图融入圆形，如图20-107所示。

图20-105

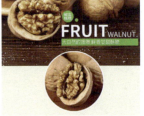

图20-106　　　　　　　　　图20-107

07 添加文案。 选择"直排文字工具" IT，设置"字体"为"华康标题宋"，如图20-108所示，然后在画布中单击并输入"椒盐核桃"字样，并设置"颜色"为深黄色（R:108，G:79，B:63），如图20-109所示。执行"文件>打开"命令，调入细节装饰文案，如图20-110所示。

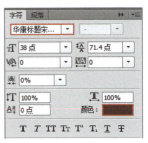

图20-108

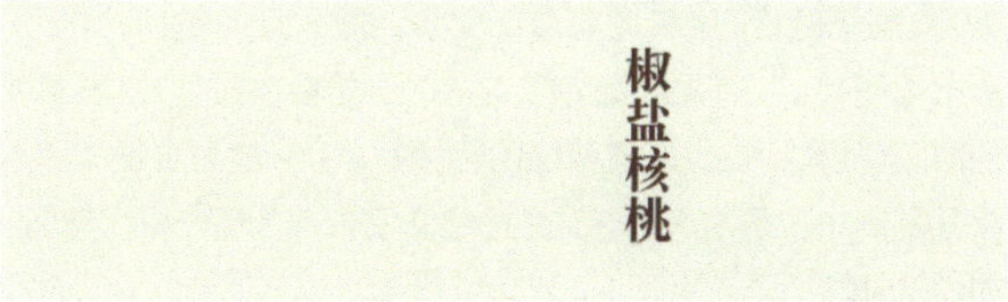

图20-109

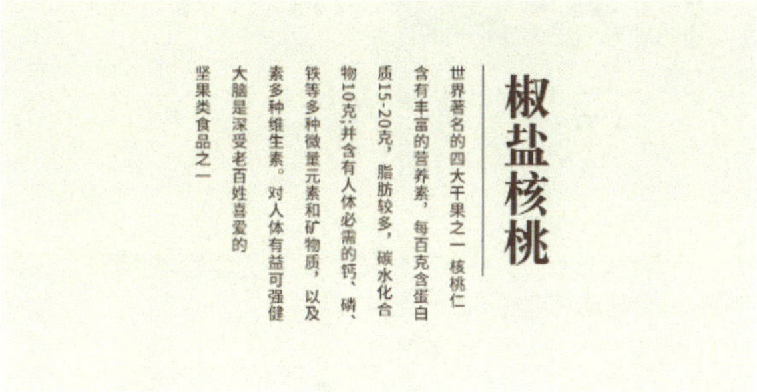

图20-110

08 添加装饰。执行"文件>打开"命令，打开"首焦装饰"元素，并将其移动到画布中的合适位置，操作完成，如图20-111所示。

图20-111

20.5.2 产品基本信息栏设计

产品基本信息栏是让顾客来充分了解产品的一个模块，我们需要把产品的相关信息展示在其中，不过切记，只需要展示主要的，不需要长篇大论，如图20-112所示。

图20-112

1. 设计前的构思

产品基本信息栏应与其主体样式相符，所以整体采用的是黄色底，文案是深黄色。

2. 操作步骤

01 打开文件。执行"文件>打开"命令，打开"详情页"素材文件，如图20-113所示。

图20-113

02 添加标题栏。在工具箱中选择"直线工具"，设置"填充"为深黄色（R:145，G:123，B:106），"描边"为"无"，然后在画面的左侧和右侧各绘制一条直线，将其对称摆放，如图20-114所示。

图20-114

03 选择"椭圆工具"，设置"填充"为深黄色（R:145，G:123，B:106），描边为"无"，然后在画布中的直线上绘制一个圆形，并调整其到左边直线的右端，然后将圆形复制一个，再移动到右边直线的左端，使整体对称，如图20-115所示。

图20-115

04 添加主标题和装饰文字。选择"横排文字工具"，设置"字体"为"华康标题宋"，"填充"为深黄色（R:108，G:79，B:63），如图20-116所示。然后在画布中单击并输入"产品信息"字样。之后按照同样的方法在画布中输入"每一颗核桃都是自然的精华"字样，然后修改"字体"为"思源黑体Regular"，并设置"字间距"为"100"，之后将其放置到画布中的合适位置，如图20-117所示。

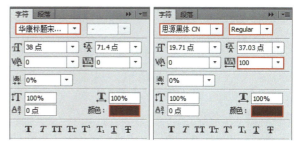

图20-116

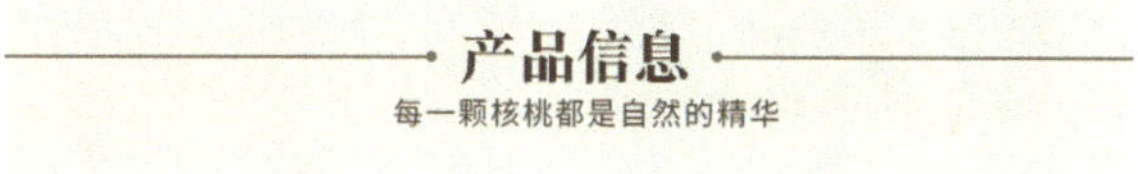

产品信息
每一颗核桃都是自然的精华

图20-117

05 添加副标题。选择"矩形工具" ▢ ，设置"填充"为土黄色（R:109，G:73，B:38）。然后在标题下方绘制一个矩形。之后将工具切换为"直排文字工具" ⅠT ，然后在矩形图形上单击并输入"椒盐核桃"字样，然后设置"字体"为"华康标题宋"，"填充"为"白色"，如图20-118和图20-119所示。

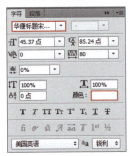

图20-118   图20-119

06 添加产品展示图。选择"矩形工具" ▢ ，设置"填充"和"描边"为土黄色（R:109，G:73，B:38），然后在标题右侧绘制一个矩形，将"产品1"素材图片调入并放置到矩形图形上，选中"产品1"素材图层，然后单击鼠标右键，在弹出的菜单中选择"创建剪贴蒙版"选项，将产品图融入矩形，如图20-120所示。

07 添加产品信息文案。将"产品介绍文案"调入画面，然后修改字体"颜色"为黄色（R:108，G:79，B:63），"字体"为"思源黑体Medium"，"字体大小"为"18点"，"行间距"为"38点"，"字间距"为"200"，如图20-121所示，之后将文案放置在产品图的右侧进行展示，如图20-122所示。

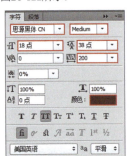

图20-120   图20-121

图20-122

08 复制标题栏、主标题和装饰文字。选择"移动工具" ▸+ ，选中标题栏、主标题和装饰文字图层，然后在按住Alt键不放的同时，用鼠标拖曳之前做好的标题栏、主标题和装饰文字，将其复制出一份，同时修改主标题文字内容为"产品优势"，如图20-123所示。

图20-123

09 将提前准备好的产品文案放置在复制出来的标题下方，然后设置"颜色"为深黄色（R:87，G:64，B:52），"字体"为"楷体"，"字体大小"为"18点"，"行间距"为"27点"，"字间距"为"60"，如图20-124所示，最终效果如图20-125所示。

图20-124

产品优势

每一颗核桃都是自然的精华

核桃可以减少肠道对胆固醇的吸收，对动脉硬化、
高血压和冠心病的病人有益，核桃有温肺定喘和防止细胞
老化的功效，还能有效的改善记忆力，
延缓衰老并润泽肌肤，核桃树液中含有抗生物质，
因此也有杀菌的功效。

图20-125

10 继续调入产品素材。选择"矩形工具" ▢ ，设置"填充"为"黑色"（R:0，G:0，B:0），然后在画面中绘制一个矩形，执行"文件>打开"命令，打开"产品2"素材图片，将其放到矩形上，之后选中"产品2"素材图层，单击鼠标右键，选择"创建剪贴蒙版"选项，将产品图融入矩形，如图20-126所示。

图20-126

11 继续添加文案。选择"矩形工具"▢，设置"填充"为由深咖啡色（R:97，G:71，B:57）到浅咖啡色（R:118，G:86，B:69）的渐变色，"描边"为浅黄色（R:239，G:194，B:142），"描边宽度"为"1像素"，之后在产品图上方绘制一个矩形条，并在按住Alt键的同时拖动鼠标，将矩形复制出一份，如图20-127所示。

图20-127

12 选择"直排文字工具"⊺，设置"字体"为"华康标题宋"，"颜色"为浅黄色（R:255，G:228，B:179），如图20-128所示。之后在画布中单击并输入"自然馈赠"字样，并将其移动到第1个矩形上。之后将文本复制一个出来，并修改文字为"甘甜酥脆"，同时将其移动到第2个矩形上，如图20-129所示。

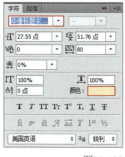

图20-128   图20-129

13 添加产品素材。在工具箱中选择"椭圆工具"⬭，然后在选项栏中设置"填充"为"黑色"，"描边"为"白色"，"描边宽度"为"2点"，如图20-130所示。绘制一个圆形出来，然后执行"文件>打开"命令，打开"细节1"素材图片，并将其放置到圆形上，同时选中"细节1"素材图层，并单击鼠标右键，选择"创建剪贴蒙版"选项，以将产品图融入圆形，如图20-131所示。

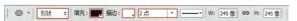

图20-130

图20-131

14 添加装饰元素。选择"移动工具"▸+，然后选中刚刚绘制好的圆图层，按快捷键Ctrl+J复制出一份，并选择下层的圆图层，设置"填充"为"无"，"描边"为浅灰色（R:160，G:160，B:160），"描边宽度"为"1点"，"描边类型"为"虚线"，如图20-132所示。之后按快捷键Ctrl+T执行"自由变换"命令，将其调整到合适大小即可，如图20-133所示。

图20-132

图20-133

15 添加文案。执行"文件>打开"命令，打开提前准备好的文案，设置"颜色"为深黄色（R:98，G:72，B:57），"字体"为"思源黑体Regular"，"行间距"为"32点"，"字间距"为"60"，如图20-134所示。之后将其放置到画布中的合适位置，如图20-135所示。

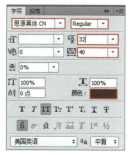

图20-134

图20-135

16 继续添加产品素材。按照之前产品素材添加的方法，将另外两个产品素材也一并添加进去，并做好相应的设置，完成操作，最终效果如图20-136所示。

图20-136

20.5.3 产品细节展示栏设计

产品细节展示栏模块是一个给顾客展示产品的模块，主要是让顾客从多个层面了解产品，信任产品，从而产生购买意愿，如图20-137所示。

图20-137

1. 设计前的构思

产品细节展示栏主要是用于给顾客展示店铺产品的细节，这个部分也是最容易打动顾客的一个部分，在设计时一定要把店铺产品的特点充分表现出来。

2. 操作步骤

01 **打开文件。** 执行"文件>打开"命令，打开"详情页"素材。此时我们发现画布的高度不够，需要再增加一些。将画布填充为浅黄色（R:247，G:243，B:224），之后选择"裁剪工具" ，根据感觉和需要直接向下拉动，将画布延长，如图20-138所示。

02 **复制标题栏、主标题和装饰文字。** 选择"移动工具" ，选中标题栏、主标题和装饰文字图层，然后在按住Alt键不放的同时，用鼠标拖曳之前做好的标题栏、主标题和装饰文字，将其复制出一份，同时修改主标题为"细节展示"，如图20-139所示。

图20-138　　　　　　　　　　　图20-139

03 **添加产品图。** 选择"矩形工具" ，在选项栏中设置"填充"为黑色（R:0，G:0，B:0），如图20-140所示。然后在主标题下方绘制一个矩形，并打开"产品1"素材，并将其移动到矩形上，之后选中"产品1"素材图层，单击鼠标右键，选择"创建剪贴蒙版"选项，将产品图融入矩形，如图20-141所示。

图20-140

图20-141

04 **制作边框。** 选择"矩形工具" ，在选项栏中设置"填充"为"无"，"描边"为"白色"，"描边宽度"为"1点"，如图20-142所示。然后在产品图上绘制一个矩形边框，如图20-143所示。

图20-142

图20-143

05 **添加副标题。** 选择"矩形工具"，在选项栏中设置"填充"为由深黄色（R:96, G:64, B:34）到浅黄色（R:109, G:73, B:38）的渐变色，如图20-144所示。然后在画面左侧绘制一个矩形，并将其放置到画布中的合适位置，之后将工具切换为"横排文字工具"，设置"字体"为"华康标题宋"，"颜色"为白色，如图20-145所示。之后在画布中单击并输入"色"字样，如图20-146所示。

图20-144

图20-145　　　　　　　　图20-146

06 **添加文案。** 将提前准备好的产品文案调入画面，并放置在产品图的右侧，设置文案标题"颜色"为深黄色（R:122, G:62, B:1），"字体"为"华康宋体W7"，并将字体适当加粗，如图20-147所示。设置文案内容"颜色"为深黄色（R:96, G:65, B:34），"字体大小"为"20.16点"，"字体"为"楷体"，如图20-148所示，最终效果如图20-149所示。

图20-147　　　　　　　　图20-148

图20-149

07 运用同样的方法，将另外两个板块的内容也添加上，并调整好板块与板块之前的距离，完成操作，如图20-150所示。

图20-150

20.5.4　售后说明栏设计

售后说明栏模块属于补充说明模块，利用该模块我们可以把一些顾客经常问的问题或运输方式在此呈现，可以大大节省客服的时间，提升工作效率，如图20-151所示。

图20-151

1. 设计前的构思

售后说明栏是一个对顾客常见问题进行解答的模块，例如运输方式、发货时间，色差等都可以在此模块中展现。

2. 操作步骤

01 **打开文件**。启动Photoshop，执行"文件>打开"命令，打开"详情页"素材，如图20-152所示。

02 **复制标题栏、主标题和装饰文字**。选择"移动工具" ，选中标题栏、主标题和装饰文字图层，然后在按住Alt键不放的同时，用鼠标拖曳之前做好的标题栏、主标题和装饰文字，将其复制出一份，同时修改主标题文字内容为"关于售后"，如图20-153所示。

图20-152

图20-153

03 **添加副标题**。选择"矩形工具" ，在选项栏中设置"填充"为咖啡色（R:104，G:64，B:44），如图20-154所示，在主标题下方绘制一个矩形。之后将工具切换为"横排文字工具" ，设置"字体"为"华康标题宋"，"颜色"为白色，如图20-155所示。然后在矩形上单击并输入"关于商品"字样，并将其位置适当调整即可，如图20-156所示。

图20-154

图20-155　　图20-156

04 **添加文案**。将提前准备好的文案打开并调入画布，然后将其移动至副标题的右侧，设置文案标题"颜色"为深黄色（R:96，G:65，B:34），"字体"为"楷体"，如图20-157所示。设置文案内容"颜色"为深黄色（R:96，G:65，B:34），"字体"为"思源黑体ExtraLight"，如图20-158所示，最终效果如图20-159所示。

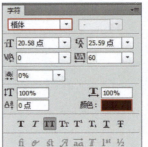

图20-157　　　　　　　图20-158

图20-159

05 **绘制分隔线**。选择"直线工具" ，在选项栏中设置"填充"为浅黄色（R:215，G:233，B:184），然后在文案下方绘制一条分隔线，如图20-160所示。

图20-160

06 运用同样的方法，将另外两个板块的内容也添加上，并调整好板块与板块之间的距离，完成操作，如图20-161所示，最终整体效果如图20-162所示。

图20-161

图20-162

20.6 页尾设计

页尾属于一个流量闭环模块。在这个页面中，我们可以对一些产品的重要信息进行二次展示，如图20-163所示。

图20-163

20.6.1 设计前的构思

页尾的设计一般不需要太复杂，配色上主要使用深黄色，搭配蓝色和猫的形象，看起来稳重又让人感到放松，为了使其与前边制作的页面相协调，配色上我同样采用了蓝色。

20.6.2 操作步骤

01 打开素材。执行"文件>打开"命令，打开"店招"素材，如图20-164所示。

图20-164

02 添加底色。选择"矩形工具" ，设置"填充"为深黄色（R:82，G:38，B:1），然后在页尾范围内绘制一个底图效果，如图20-165所示。

图20-165

03 添加素材。执行"文件>打开"命令，打开"天猫吉祥物"素材，调入画面，并摆放到合适位置，如图20-166所示。

图20-166

04 细节完善。使用"选择工具" 选中素材图层，然后在图层面板下方单击"添加图层样式"按钮 ，在弹出的快捷菜单中选择"描边"选项，接着在"图层样式"对话框中设置"颜色"为蓝色（R:114，188，217），"大小"为"6像素"，如图20-167所示。效果如图20-168所示。

图20-167

图20-168

05 添加文案。选择"横排文字工具" ，在画布中单击并输入"太好吃了，喵~"字样，然后设置"颜色"为蓝色（R:114，188，217），"字体"为"华康海报体"，如图20-169所示。制作好的页面效果如图20-170所示。

图20-169

图20-170

20.7 优惠券设计

发放优惠券是店铺促销的一种手法，意在给顾客一种便宜的感受，从而促使顾客下单购买商品，如图20-171所示。

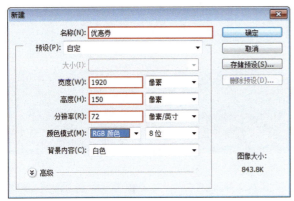

图20-171

20.7.1 设计前的构思

在优惠券的设计中都是采用高饱和度的颜色作为底色，如此更容易吸引人的眼球，同时每个优惠券的数字被刻意放大，并且每个优惠券的颜色也都不一样，方便区分。

20.7.2 操作步骤

01 新建文件。执行"文件>打开"命令，在"新建"对话框中设置"名称"为"优惠券"，"宽度"保持不变，"高度"为"150像素"，"分辨率"为"72像素/英寸"，如图20-172所示。

图20-172

02 绘制矩形。选择"矩形工具"，设置"填充"为橙色（R:254，G:135，B:48），然后在画布中绘制一个矩形，并复制出3个，接着分别填充这3个矩形的颜色为青色（R:0，G:193，B:234）、紫色（R:123，G:106，B:237）和红色（R:229，G:78，B:78），之后按住Ctrl键不放，用鼠标左键单击每个矩形图层，将它们全部选中，最后将工具切换为"移动工具"，并单击选项栏中的"顶对齐"图标和"水平居中分布"图标，使矩形排列整齐，如图20-173所示。

图20-173

03 添加文案。选择"横排文字工具"，在第1个矩形上输入"20"字样，然后在"字符"面板中设置"颜色"为白色（R:255，255，255），"字体"为"思源黑体Regular"，如图20-174所示。之后将字样复制3份，

并修改文字内容分别为"30""40"和"50"，并将其放置到对应矩形上的合适位置。如图20-175所示。

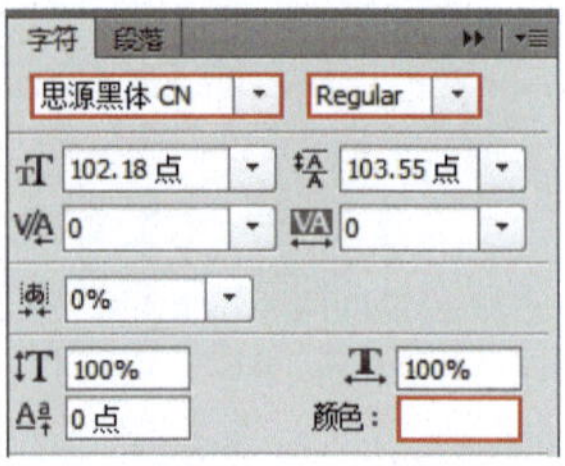

图20-174

图20-175

04 按照同样的操作方法，在对应矩形上添加"¥"符号和"优惠券"字样，并对齐，如图20-176所示。

图20-176

05 选择"矩形工具"，并设置"填充"为白色（R:255，G:255，B:255），然后绘制一个矩形图形出来，接着复制出3份，将其调整到每个大矩形上的合适位置，如图20-177所示。最后按之前添加字样的方法在每个白色矩形上添加"立即领取"字样，最终效果如图20-178所示。

图20-177

图20-178

20.8 客服中心栏设计

客服往往关系着店铺成交量，因为有很多顾客看到商品后可能会存在一些这样那样的问题，这时候就需要有一个人来帮忙解答疑问，而客服就担任着这样的一个角色。客服中心栏的效果如图20-179所示。

图20-179

20.8.1 设计前的构思

客服中心栏颜色采用蓝色系，给人一种沉稳的感觉。版式方面整体采用均匀排列的形式，给人一种稳重的感觉。

20.8.2 操作步骤

01 **新建文件**。执行"文件>打开"命令，在"新建"对话框中设置"名称"为"客服中心"，"宽度"保持不变，"高度"为"150像素"，"分辨率"为"72像素/英寸"，如图20-180所示。

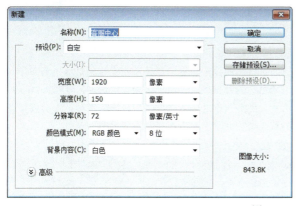

图20-180

02 **填充底色**。在工具箱下方设置前景色为深蓝色（R:17，G:129，B:223），并按快捷键Alt+Delete填充颜色，作为客服中心栏的背景色，如图20-181所示。

图20-181

03 **添加主标题**。选择"横排文字工具"，在画布的左侧输入"客服中心"字样，然后在"字符"面板中设置"颜色"为白色（R:255，255，255），"字体"为"思源黑体Regular"，如图20-182所示。之后复制出1份，修改文字内容为"SERVICE CENTER"，同时调整其大小，并放置到页面中的合适位置，如图20-183所示。

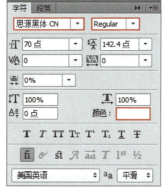

图20-182

客服中心
SERVICE CENTER

图20-183

04 执行"文件>打开"命令，打开"客服图标"素材，同样适当调整其大小，并放置到画布中的合适位置，如图20-184所示。

客服中心
SERVICE CENTER

图20-184

05 **绘制分隔线**。选择"直线工具"，然后设置"填充"为"白色"（R:255，255，255），然后在画布中绘制3条直线分隔线，如图20-185所示。

图20-185

06 **添加副标题**。选择"直排文字工具"，在画布中单击并输入"售前客服"字样，然后在选项栏中设置"颜色"为白色（R:255，255，255），"字体"为"思源黑体 Regular"，然后复制出两份，分别修改其文字内容为"售后客服"和"工作时间"，如图20-186所示。

图20-186

07 **添加客服名称**。选择"横排文字工具"，在画布中单击并输入"小仙"字样，设置字样"颜色"为白色（R:255，255，255），"字体"为"思源黑体"。之后复制出6份，修改文字内容为"小美""小桃""小英""小艾""小丽"和"小昕"，同时调整文字大小，并放置到画布中的合适位置即可，如图20-187所示。

图20-187

08 **添加人物图标素材**。执行"文件>打开"命令，打开"客服图标"系列素材，然后分别将这些图标放置到对应客服名称的上方位置，并适当调整其大小，如图20-188所示。

图20-188

09 **输入工作时间信息**。继续选择"横排文字工具"，在画布中单击并输入"周一至周五:"字样，然后在选项栏中设置"颜色"为白色（R:255，255，255），"字体"为"思源黑体 Regular"。之后复制出3份，并分别修改文字内容为"09:00-22:00""周六至周日:"和"10:00-20:00"，同时适当调整每个字样的大小，并放置到合适位置即可，如图20-189所示。

图20-189

20.9 直通车图设计

直通车图和主图都属于产品的展示图，不一样的是，直通车图需要花钱才可以进行展现，同时直通车引流的作用是也立竿见影的，所以设计好一个点击率高的直通车图就显得尤为重要了，如图20-190所示。

图20-190

20.9.1 设计前的构思

整个背景采用了一种厨房写实风格，从侧面体现了食品的安全性，也很容易勾起人的食欲，画面整体色调使用的是和产品一样的黄色，给人一种和谐统一的感受。

20.9.2 操作步骤

01 **新建文件**。执行"文件>打开"命令，在"新建"对话框中设置"名称"为"直通车"，"宽度"为"800像素"，'高度'为"800像素"，"分辨率"为"72像素/英寸"，如图20-191所示。

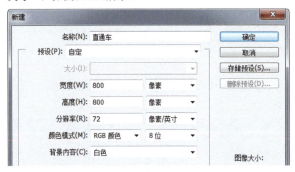

图20-191

02 **添加背景**。执行"文件>打开"命令，打开"背景商品"素材，并让其铺满整个页面，如图20-192所示。

图20-192

03 **添加主标题**。在工具箱中选择"横排文字工具" T，在"字符"面板中设置"字体"为"旁门正道粗书体"，"颜色"为红橙色（R:135，G:52，B:14），如图20-193所示。然后单击并输入"奶香碧根果"字样，根据需要调整每个字在页面中的位置，如图20-194所示。

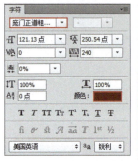

图20-193   图20-194

04 **添加副标题**。选择"圆角矩形工具" ，设置"填充"为深黄色（R:125，G:65，B:2），"半径"为"30像素"。然后在主标题下方绘制一个圆角矩形，如图20-195所示。将工具切换为"横排文字工具" T，然后在圆角矩形上单击并输入"经典原香味"字样，设置"字体"为"思源黑体Regular"，"颜色"为白色，如图20-196和图20-197所示。

图20-195

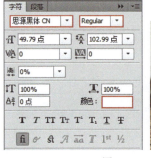

图20-196   图20-197

05 **添加文案**。选择"椭圆工具" ，设置"填充"为"无"，设置"描边"为深黄色（R:125，G:65，B:2），然后在画面中绘制一个圆形边框，同时再复制出两份，放置到页面中的合适位置，如图20-198所示。

06 在画布中分别单击并输入"皮薄肉厚""营养美味"和"奶香原味"字样，然后设置"颜色"为深黄色（R:125，G:65，B:2），"字体"为"思源黑体Regular"，如图20-199所示。

图20-198　　　　　　　　　图20-199

07 **添加价格信息**。选择"横排文字工具" [T]，设置"字体"为"思源黑体Bold"，然后在画布中单击并输入"79"字样。之后切换工具为"选择工具" [▶+]，并选中"79"图层，然后在图层面板下方单击"添加图层样式"按钮 *fx.*，在弹出的快捷菜单中选择"渐变叠加"选项，并设置"渐变"为深红色（R:197，G:3，B:10）到浅红色（R:248，G:0，B:33）的渐变色，如图20-200所示。按照同样的方法，添加"¥"符号到页面中的合适位置，如图20-201所示。

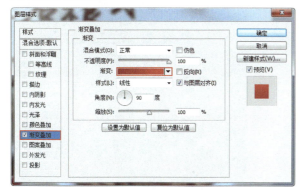

图20-200

图20-201

08 **添加光效**。执行"文件>打开"命令，打开"背景光效"素材，然后移动到画布中的合适位置，单击图层面板下方的"添加图层样式"按钮 *fx.*，在上拉菜单中选择"混合选项"命令，然后在弹出的对话框中设置"混合模式"为"滤色"，如图20-202所示。此时，画面的整体视觉冲击力也更强了，操作完成，如图20-203所示。

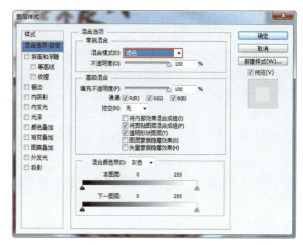

图20-202

图20-203

20.10 钻展图设计

　　钻展图位于淘宝网页的首屏，它存在的目的是直截了当地展示出店铺卖点或促销信息，在很大程度上决定了顾客驻足浏览店铺的时间长短，如图20-204所示。

图20-204

20.10.1 设计前的构思

本案例采用了经典的左图右文排版方式，将产品和文案放置在海报的左右两边，背景采用了一个桌子的图片，用于放置产品。

20.10.2 操作步骤

01 新建文件。执行"文件>打开"命令，在"新建"对话框中设置"名称"为"钻展"，"宽度"为"520像素"，"高度"为"280像素"，"分辨率"为"72像素/英寸"，如图20-205所示。

02 添加背景。执行"文件>打开"命令，打开"背景"素材，并将其铺满整个页面，如图20-206所示。

图20-205   图20-206

03 添加主标题。在工具箱中选择"横排文字工具" T，然后在"字符"面板中设置"颜色"为咖啡色（R:90，G:41，B:9），"字体"为"思源黑体Bold"，如图20-207所示。之后在画面中单击并输入"全场！"字样，同时按快捷键Ctrl+T执行"自由变换"命令，适当调整下字样的角度。之后按照同样的方法输入画布中需要的其他字样，并将其调整到页面中的合适位置，如图20-208所示。

图20-207   图20-208

04 添加副标题。选择"圆角矩形工具" ▢，在选项栏中设置"填充"为深粉色（R:195，G:13，B:36），"半径"为"30像素"，如图20-209所示。在主标题下方绘制一个圆角矩形，如图20-210所示。之后在圆角矩形上添加"立即抢购"字样，设置"颜色"为白色（R:255，G:255，B:255），"字体"为"思源黑体Bold"，如图20-211所示。

图20-209

图20-210   图20-211

05 添加装饰。执行"文件>打开"命令，打开"背景装饰"素材，然后放置到画面中的合适位置，以起到丰富画面的作用，完成操作，如图20-212所示。

图20-212

拓展练习：坚果零食店铺的首页设计

坚果零食店铺的首页效果如图20-213所示。

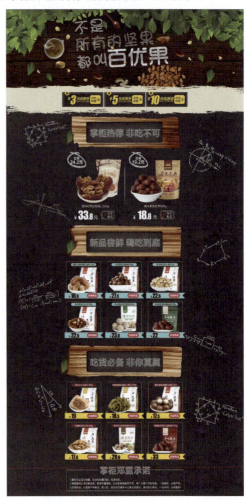

图20-213

第21章

移动端店铺的装修技巧与方法

　　随着智能移动设备的普及，以及Wi-Fi的大面积覆盖，移动智能生活已经改变了人的生活习惯。据有关数据分析，现在移动端交易成交率已经超出了PC端，向移动端发展是电商发展的趋势。由于移动端店铺页面的设计与PC端的都大同小异，所以本章会忽略移动端店铺页面的设计，只讲一讲移动端店铺的装修知识。

21.1 移动端店铺装修的常用模块详解

装修常用的模块包括店招模块、智能宝贝模块、美颜切图模块、图片模块、焦点图模块和自定义模块，如图21-1所示。

店 招 定位引导	多图模块 宝贝陈列、活动分类
焦点图 活动宣传	焦点图 活动宣传
左文右图 活动分类	双列宝贝 陈列宝贝
双列宝贝 陈列宝贝	收藏/更多宝贝 预防跳失、引导收藏或跳转其他页面

图21-1

21.1.1 店招模块

店招是介绍店铺和宣传主推产品的重要板块，一般出现在店铺中最显眼的位置，它能够让买家快速了解店铺主营产品的风格。

通常情况下，店招图片的尺寸要求是750像素×245像素，上传支持JPG、PNG格式。在做店招设计时，要结合店铺主营产品的风格来进行设计。

在淘宝旺铺页面中，当我们单击"店招"模块时，在页面的右侧会出现相应的编辑项和功能说明，如图21-2所示。

图21-2

21.1.2 智能宝贝模块

智能宝贝模块分为智能双列宝贝模块与智能单列宝贝模块两种类型。

智能单列宝贝模块具有一定的全自动识别功能，能针对不同顾客进行展示。在右侧的设置面板中可以选择智能模式，也可以选择基本模式，如图21-3所示。智能单列宝贝模块每行只显示一个宝贝，能够放大且突出显示宝贝。智能双列宝贝模块与智能单列宝贝模块功能一样。不同的是，智能双列宝贝模块每行显示2个宝贝。在智能模式下，智能双列宝贝模块可以提供11套样式，用户可通过鼠标单击，轻松完成宝贝视觉样式、标题和促销类图标的设计和更改。同时智能双列宝贝模块自带"千人千面"功能，不同用户进店，该模块内商品的排序会根据用户的喜好而变得各不相同。

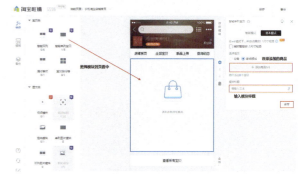

图21-3

21.1.3 美颜切图模块

美颜切图模块属于智能版专用模块，需要付费才可以使用，能在一张图片上最多添加15个链接。但是现在淘宝一钻以下的用户是可以免费使用智能版的。拖动添加美颜切片模块后的页面效果如图21-4所示。一般这时候只需要添加图片即可，如果想要添加热区，可以直接单击"添加热区"按钮，会弹出一个热区编辑器对话框，在对话框中添加好热区后，可以调整热区的大小，如图21-5所示。单击右侧"添加链接"按钮，在弹出的链接小工具对话框中即可选择你要为图片添加的链接。选择完成后，单击"确定"按钮，完成操作，如图21-6所示。

图21-4

图21-5

图21-6

21.1.4 图片模块

图片模块分为单列图片模块、双列图片模块和多图模块。

单列图片模块适用于精美大图展示。在单列图片模块中添加图片时，图片的尺寸一般为608像素×336像素，格式为JPG或PNG。双列图片模块和单列图片模块功能一样，双列就是一排展示两张图片，图片尺寸为296像素×160像素，图片格式为JPG或PNG，如图21-7所示。

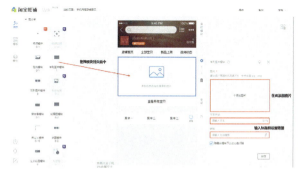

图21-7

多图模块支持左右滑动的图片展示，且一组最多支持上传6张图，同时每张图可添加一个链接，适用于需要在一个位置展示多个内容的情况。多图模块中的图片尺寸通常为248像素×146像素，图片的上传格式

支持JPG和PNG格式，如图21-8所示。

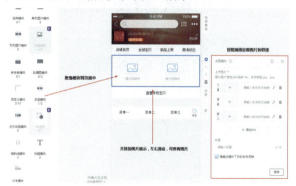

图21-8

21.1.5 焦点图模块

焦点图模块可以自动轮流播放图片，最多支持4图的轮播，并且每张图片可添加一个链接，适用于首焦Banner等图片。焦点图模块中的图片尺寸要求为640像素×320像素，图片的上传同样支持JPG和PNG格式，如图21-9所示。

图21-9

21.1.6 自定义模块

自定义模块中的图片完全可自定义规格和摆放位置。没有摆放的位置以白色色块显示。它可以更有效地表现出店铺的创意和特色。图片规格是自己在区域内定义的，定义后在右边会显示。它支持对设计师制作的图片以每一个链接区域为范围进行方形剪切后上传，适合在对装修有极高美观度要求且样式需自行设计和创造的情况下使用，如图21-10所示。

图21-10

21.2 移动端店铺的装修流程

移动端店铺的装修主要包括登录淘宝网并进入装修页面、装修首焦海报、装修优惠券和装修宝贝展示这几个步骤。

21.2.1 登录淘宝网

打开淘宝网，单击"卖家中心"选项，输入账号和密码，单击"登录"按钮，登录淘宝网，如图21-11和图21-12所示。

图21-11

图21-12

21.2.2 进入装修页面

单击"店铺管理"一栏下方的"手机淘宝店铺"选项，如图21-13所示。在打开的对应页面中单击"立即装修"按钮，如图21-14所示。再单击"店铺首页"选项，即可进入移动端店铺装修页面，如图21-15所示。

图21-13

图21-14

图21-15

21.2.3 装修首焦海报页面

首先，在"单列图片模块"上按住鼠标左键不放，然后移动鼠标，将其拖曳至编辑页面中，如图21-16所示。在右侧设置栏中单击"添加图片"按钮，在弹出的对话框中选择"本地上传"选项，将我们提前准备好的图片添加进去，如图21-17所示。

图21-16

图21-17

然后，在弹出的对话框中单击"上传图片"按钮，将本地的图片上传上去，如图21-18所示。

图21-18

最后，在弹出的对话框中，我们可以根据产品需求输入相应的文字，单击链接后面的"添加链接"图标，添加上宝贝链接，如图21-19所示。

图21-19

21.2.4 装修优惠券页面

首先在装修后台中选中"双列图片模块"，并按住鼠标左键不放，将其拖曳至页面中，如图21-20所示。在右侧设置栏中单击"添加图片"按钮，在弹出的对话框中选择"本地上传"选项，并将我们提前准备好的图片添加进去，如图21-21所示。

图21-20

图21-21

然后，在弹出的对话框中单击"上传图片"按钮，将本地的图片上传上去，如图21-22所示

图21-22

单击"添加链接"按钮，添加优惠券的链接即可，如图21-23所示。

图21-23

21.2.5 装修宝贝展示页面

首先，在装修后台中选中"自定义模块"，并按住鼠标左键不放，将其拖曳至页面中，如图21-24所示。在右侧设置栏中单击"编辑版式"按钮，在弹出的对话框中选择"本地上传"选项，将我们提前准备好的图片添加进去，如图21-25所示。

图21-24

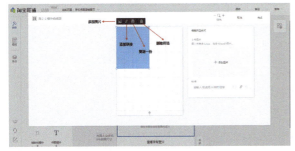

图21-25

然后，根据需求设置展示图的大小。通常来说，自定义模块中的一个格子尺寸为80像素×80像素，设置完成后在右侧可以看到图片的尺寸，如图21-26所示。在装修时，切记要先完成后台布局，确定好尺寸后，再将我们整理好的图上传。

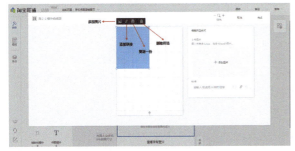

图21-26

实战：移动端化妆品店铺装修案例详解

视频名称	移动端化妆品店铺装修案例详解.mp4
实例位置	实例文件 > CH021
技术掌握	美颜切图模块的使用

本小节笔者将教大家一个移动端化妆品店铺的首页装修方法，这里使用的模块是美颜切图模块，如图21-27所示。

图21-27

操作步骤

01 切片。将完整的首页切片（切片的方法详见1.4.6小节），避免图片过大，导致顾客浏览店铺时，页面中的图片久久不能显示出来，切好的图片如图21-28所示。

图21-28

02 上传图片到图片空间中。将准备的图上传到图片空间中（具体的上传方法详见1.4.4小节），如图21-29所示。

图21-29

03 进入移动端装修后台，拖动美颜切图模块到页面中，如图21-30所示。

图21-30

04 单击右侧的"添加图片"按钮，然后单击"本地上传"选项，如图21-31和图21-32所示。在弹出的选择图片对话框中选择你要使用的图片，并单击"确认"按钮，如图21-33所示。装修效果如图21-34所示。

图21-31　　　　　　图21-32

图21-33

图21-34

05 添加热区。单击"添加热区"按钮，在弹出的热区编辑器中可以为图片添加热区，拖动热区的4个点中的任意一个，即可调整热区大小，如图21-35所示。单击右侧的"添加链接"按钮，在弹出的链接小工具中选择你要添加的链接即可，选择完成后单击"确定"按钮，完成上传操作，如图21-36所示。最终效果如图21-37所示。

图21-35

图21-36

图21-37

装修好的移动端坚果零食店铺首页效果如图21-38所示。

图21-38

第22章

代码的知识
与制作方法

随着互联网的优化与升级，它给人们带来了更多的商机。与此同时，电商美工行业越来越火，对电商美工的要求也越来越高。在这时候，如果能够充分了解并熟练掌握代码的制作，有利于我们打造出更好的店铺装修效果，并且提升用户体验，提高设计师自身在就业市场上的竞争力。代码在电商设计中的应用通常表现为浏览店铺时看到的全屏效果、海报轮播效果及鼠标指针放到某个按钮上时产生的动态效果等。

22.1 认识Dreamweaver

Dreamweaver缩写为"DW"，是Adobe公司开发的一款网页编辑软件。在电商设计中，其充当的角色是辅助电商美工编写代码，从而让美工设计出的页面在顾客眼前能够展示出一些动态的创意效果，提升用户的浏览体验。

这里，我们以Dreamweaver CS6为例，给大家介绍一下该软件的界面情况，如图22-1所示。

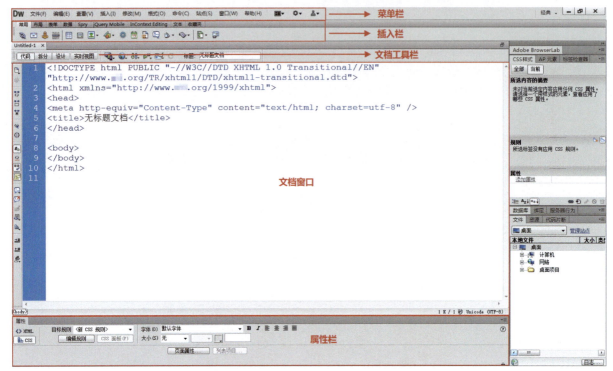

图22-1

22.1.1 菜单栏

菜单栏位于界面的左上方位置，有10个菜单，包括"文件""编辑""查看""插入""修改""格式""命令""站点""窗口""帮助"，而且所有的命令可以通过菜单项执行，同时也可以利用面板上的按钮来执行。其中单击"窗口"菜单下对应的选项可以显示或隐藏各个面板，如图22-2所示。

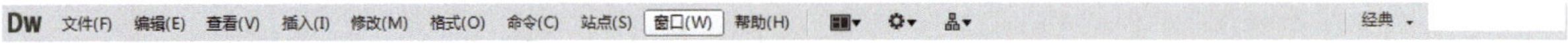

图22-2

22.1.2 插入栏

插入位于界面的左上方，菜单栏的下方，其包括常用、布局、表单、数据、Spry、InContext Editing、文本及收藏夹等选项，如图22-3所示。

图22-3

22.1.3 文档工具栏

文档工具栏位于界面的左上方位置，并且位于菜单栏和插入栏的下方。利用文档工具栏，可以方便地进行切换显示视图、设置文档标题及文件管理等操作，如图22-4所示。

图22-4

22.1.4 文档窗口

文档窗口是Dreamweaver CS6可视化编辑网页的主工作区，位于界面中间区域。在这里，我们可以自由地使用各种网页元素，制作具有个人特色的Web页，同时可以显示当前文档的所有操作效果，如图22-5所示。

图22-5

22.1.5 属性栏

属性栏位于界面的底部区域，在这里显示有当前对象，如文字、图像等的信息，如图22-6所示。

图22-6

22.2 Dreamweaver 常用功能解析

在电商设计中，Dreamweaver的常用功能主要包含HTML标签和Div布局。

22.2.1 HTML 标签的使用

对于HTML标签的使用，常见的操作包括图片的添加、链接的添加、文字/段落/Span的添加和项目列表的添加。

1. 图片的添加

在Dreamweaver软件中，如果我们想插入一张图片，首先需要在你想要插入图片的区域单击一下，然后执行"插入>图像"命令，如图22-7所示。这时会弹出一个"选择图像源文件"对话框，如图22-8所示。找到对话框底部区域的"URL"一栏，然后将图片空间中的图片的地址复制进去，并单击"确定"按钮，会

弹出一个"图像标签辅助功能属性"对话框，直接单击"确定"按钮即可，如图22-9所示。

图22-7

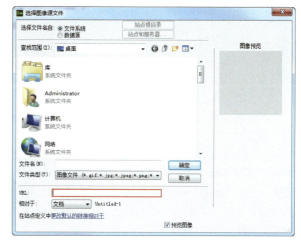

图22-8

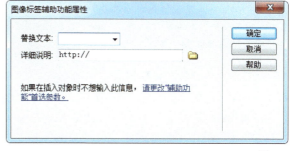

图22-9

当我们将上一步完成了之后，单击文档工具栏中的"设计"按钮，会加载出刚刚插入的图片。如果这时候图片无法正常显示，可再单击"设计"按钮旁边的"实时视图"按钮，如图22-10所示。

图22-10

选中插入的图，再切换回"代码"视图模式，可以发现界面中会自动选中插入的图片的代码，如图22-11所示。

图22-11

在编写代码时，我们把用尖括号括起来的单词称之为标签，例如"<img/>"就是一个图片标签；"img"后面跟着的"src"是"图片源"的意思，即我们常说的图片地址；我们通常看到的引用图片后面还会有一个alt属性，这个属性是指在无法加载图片时所提示的文本信息。还有一个选填项title，它指的则是用户鼠标指针放到图片上时所提示的文本信息。

那么在这里，为了方便大家学习与记忆，我给大家将这代码总结成了一个公式：**引用图片=<img src="图片地址" alt="图片丢失提示文本信息" title="鼠标指针指向图片提示文本信息"/>**。

2. 链接的添加

在"设计"模式下，单击选中图片，可以发现其下方的属性栏中有一个"链接"输入框，在输入框中可以输入图片跳转所需的链接，并在"目标"选项栏中选择"_blank"选项，如图22-12所示。

图22-12

返回"代码"窗口，会发现在代码中多了一个a标签，而这里的a标签就是"链接"的意思。因为这里我们是为整张图片添加了链接，所以会发现<a>和</a>将图片的代码整个都包了起来，如图22-13所示。

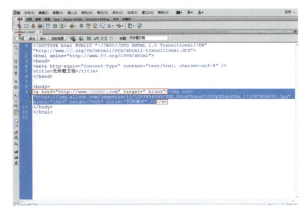

图22-13

在a标签中有两个选项值，分别为"href"和"target"。其中"href"的意思是要跳转的网页地址；"target"代表链接到的目标。而"blank"是"在新网页窗口中打开链接"的意思。

同样为了方便大家学习与记忆，我给大家将其总结成了一个公式：**链接= <a href="跳转的网页地址" target="blank">**。

3. 文字 / 段落 /Span 的添加

相比图片插入操作来说，文字添加操作更为简单。因为它直接输入就可以了，并没有什么固定的标签。在文字添加中，你可以发现输入的文字可以直接在"设计"模式下看到，如图22-14所示。

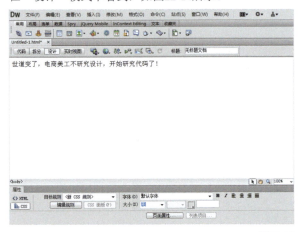

图22-14

但是在实际文字添加中，通常也不是那么简单。如果我们需要将文字分成一段一段的，就需要用到"p"标签。"p"标签代表"段落"，当我们在文档工具栏中单击"拆分"按钮后，会发现文字前面和后面都加一个"p"标签，如此则意味着我们输入的文字可以分段显示出来，如图22-15所示。

公式：**分段=<p>显示的文字</p>**。

图22-15

如果我们需要文字换行的话，直接在换行的地方单击一下，会出现闪烁的光标，同时按快捷键Shift+Enter，会发现代码里面又添加了一个
标签，这样文字就可以换行显示了，如图22-16所示。

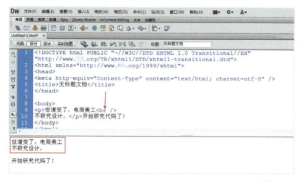

图22-16

在实际工作中，有时我们需要为文字添加样式。例如这里我们需要将"电商美工"这4个字变成红色的话，只需要选中这4个文字，然后在属性栏中设置"文字颜色"为"红色"，这时查看代码，会发现文字前后就自动添加了""和""标签，如图22-17所示。""和""标签就是用于类似的地方，例如在几个或小部分文案需要分行或者添加样式时就会使用到。

公式：**文本样式=要添加样式的文字**。

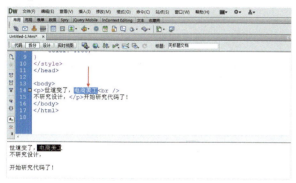

图22-17

4. 项目列表的添加

项目列表标签可以分成"有序"和"无序"两种形式。仔细查看添加好项目列表的代码可以发现，有序列表就是用"ol"标签包起来的，而无序列表就是用"ul"标签包起来的，如图22-18所示。

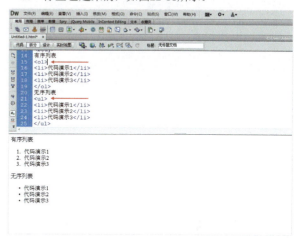

图22-18

22.2.2 Div 的布局

Div全称Division，是层叠样式表中的定位技术，即为"划分"的意思，有时也可以称为"图层"。Div元素主要用来为HTML（标准通用标记语言下的一个应用）文档内大块（block-level）的内容提供结构和背景的元素。

简单来说，我们可将Div理解为一个盛放东西的容器。在日常生活中，我们所看到的网页其实都是由大大小小的Div构成的，且原则是需要大的包含小的，反之则会导致网页布局出现错误，如图22-19所示。

图22-19

下面，我们来对Div布局流程做一下解析和说明。

首先，建立一个Div，直接在文档窗口中输入"<Div>"和"</Div>"标签，并设置它的宽度为"950px"，高度为"450px"，背景颜色为红色，如图22-20所示。

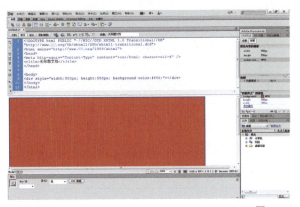

图22-20

在里面插入一个比它小的Div标签，然后设置宽度为"200px"，高度为"100px"，背景颜色为蓝色，如图22-21所示。

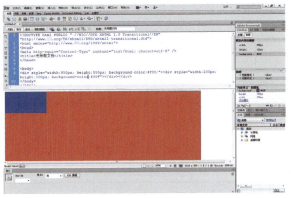

图22-21

接下来对蓝色色块进行定位。先在里面添加一个定位的代码，即"position：absolute"，然后设置距离顶部为"30px"，距离左边为"100px"，如图22-22所示。

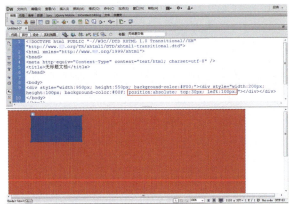

图22-22

Div布局其实很简单，主要就是利用了固定的单词和词组，平时我们只要多加练习，就可以很快掌握它了。

实战：制作弹出层代码

视频名称	制作弹出层代码.mp4
实例位置	实例文件 >CH22>01
技术掌握	弹出层代码的设置

弹出层效果鼠标指针经过时弹出其他效果的一种特效。目前，该特效已被广泛应用在店铺设计中，如导航栏二级菜单弹出、开关灯等效果。弹出层效果如图22-23所示，在该页面中，当我们将鼠标指针放到"所有宝贝"选项上时，则会弹出下拉菜单供我们选择。本案例最终做出的效果图如图22-24和图22-25所示。

图22-23

图22-24

图22-25

弹出层效果参数配置说明见表22-1。

表22-1

弹出层配置说明		
参数名	取值	说明
trigger	tc01（可自定义）	弹出层的名称
aling	node	tc01（可自定义）	弹出层对齐的目标层名称和上面一致即可
	points	cc,cc	弹出层和目标层的对齐方式
	offset	0,0	对齐后再进行多少的偏移

✎ 操作步骤

01 上传图片到图片空间中。首先，准备好两张图，然后将其上传到图片空间中，如图22-26所示。

图22-26

02 复制代码，并放到Dreamweaver当中。在图片空间页面中将鼠标指针放到"弹出层1"图片上，此时图片下方会显示出一些编辑按钮，之后单击第2个按钮，即"复制代码"按钮，如图22-27所示。

图22-27

03 启动Dreamweaver，新建一个HTML文件，并删除其原有内容，然后将复制的代码粘贴进去，如图22-28所示。

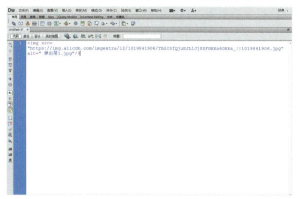

图22-28

04 设置样式名称。在<img src>标签中间，添加class="tc01"样式，对其进行命名，如图22-29所示。

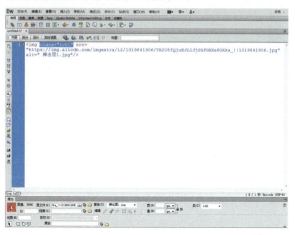

图22-29

05 添加弹出代码。将PPT里面提供的基础代码复制粘贴到下方，并修改其中的trigger为我们上面定义好的名称，如图22-30所示。

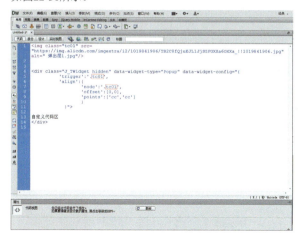

图22-30

06 添加弹出图片。回到图片空间，将鼠标指针放到"弹出层2"图片上，此时图片下方会显示出一些编辑按钮，之后单击第2个按钮，即"复制代码"按钮，如图22-31所示。将"自定义代码区"替换成我们刚刚复制的"弹出层2"的图片代码，如图22-32所示。

图22-31

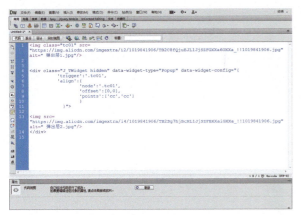

图22-32

07 装修店铺。我们对Dreamweaver里面的代码进行复制，因为它是全屏的，如果我们直接上传到店铺中，它是不能全屏显示的，所以需要借助一个工具。启动"传奇美工助手"软件，选择其中的"通用全屏"功能，将从Dreamweaver中复制的内容直接粘贴到文本框中。粘贴后如果里面的中文变成了乱码，只要勾选"消除中文乱码"选项即可。最后按照图片的宽和高输入对应尺寸，并单击"生成并复制"按钮，如图22-33所示。

图22-33

08 进入装修后台，添加一个"自定义模块"。单击右上角的"编辑"按钮，如图22-34所示。在弹出的"自定义内容区"对话框中的"显示标题"一栏中选择"不显示"选项，如图22-35所示。同时在对话框底部勾选"编辑源代码"选项，将我们生成的代码粘贴进去，即可完成效果的设置，如图22-36和图22-37所示。

图22-34

图22-35

图22-36

图22-37

实战：制作手风琴代码

视频名称	制作手风琴代码 .mp4
实例位置	实例文件 >CH22>02
技术掌握	手风琴代码的设置

手风琴效果是指在电商页面中单击不同标题时，标题下的内容就会显示出来，如图22-38所示。

图22-38

手风琴设置时的结构很简单，就是一个大Div，然后里面有好多小Div，而每个小Div由标题和内容组成，如图22-39所示。

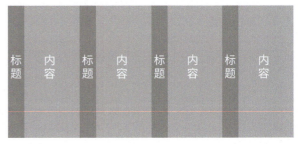

图22-39

手风琴效果参数配置说明见表22-2。

表22-2

手风琴配置说明		
参数名	取值	说明
triggerCls	sfq01（可自定义）	标题名称
PanelCls	sfq02（可自定义）	内容名称
triggerType	mouse	激活类型，可以选择 mouse 或 click
multiple	false	是否允许打开多个内容框

✎ 设置流程

01 新建文件。启动Dreamweaver，新建一个HTML文件，同时删除其原有内容，并将手风琴基础代码粘贴进去，如图22-40所示。

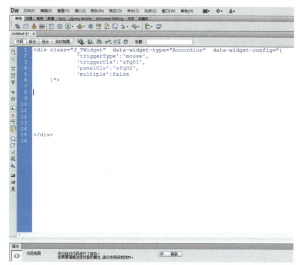

图22-40

02 建立标题。新建一个Div，然后设置宽度为"100px"，高度为"550px"，同时添加名称"sfq01"，如图22-41所示。

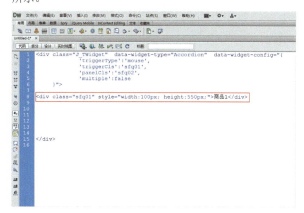

图22-41

03 上传图片到图片空间中。准备好4张图，并将其上传到图片空间中，如图22-42所示。

图22-42

04 复制代码并粘贴到Dreamweaver中。在图片空间页面中将鼠标指针移动到"商品图1"图片上，此时图片下方会显示出一些编辑按钮，之后单击第3个按钮，即"复制代码"按钮，如图22-43所示。将复制的代码粘贴进Dreamweaver当中，如图22-44所示。

图22-43

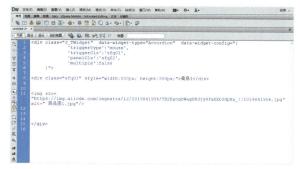

图22-44

05 设置大小和命名。使用Div标签将图片标签包起来，然后设置宽度和高度均为"550px"，并添加class="sfq02"样式，对其进行命名，如图22-45所示。

图22-45

247

06 单击切换到"设计"模式,观看代码效果,这时我们发现标题和图片并没有并排显示,而为了使其并排显示,这时候我们为其添加"并排显示"属性,如图22-46所示。

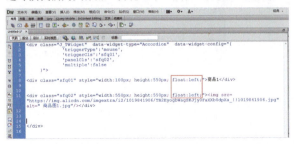

图22-46

07 运用同样的办法,完成后面3个部分的代码的添加,如图22-47所示。

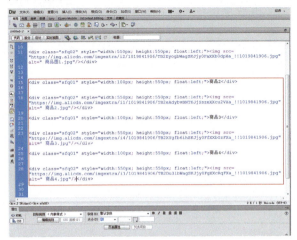

图22-47

08 **添加隐藏代码**。将上一步完成了之后,单击切换到"设计"模式,这时候我们发现这些代码又出现了不并排显示的情况,此时我们只需在float:left后面添加display:none,即"隐藏元素"代码即可,如图22-48所示。

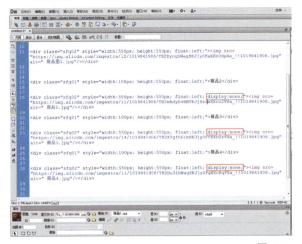

图22-48

09 **装修店铺**。将Dreamweaver里面的代码复制,然后进入装修后台,添加一个"自定义模块",并单击后台页面右上角的"编辑"按钮,如图22-49所示。在弹出的对话框中的"显示标题"一栏中设置标题为"不显示"状态,并勾选"编辑源代码"选项,将代码粘贴进去,完成该效果的设置,如图22-50和图22-51所示。

图22-49

图22-50

图22-51

实战:	制作倒计时代码
视频名称	制作倒计时代码.mp4
实例位置	实例文件>CH22>03
技术掌握	倒计时代码的设置

倒计时效果就如它的名字一样,可以按照我们需要的方式进行倒计时显示,通常用在促销活动中,以给顾客一种促销的氛围,促使顾客下单,如图22-52所示。

图22-52

倒计时效果参数配置说明见表22-3。

表22-3

倒计时配置说明		
参数名	取值	说明
endTime	毫秒数（多少毫秒后倒计时结束），或者日期格式时间（格式：2011-7-21 11:01:01）	倒计时结束时间，例如 'endTime': '10000' 或 'endTime': '2011-7-21 11:01:01'
interval	单位：毫秒，取值范围（≥ 100 毫秒）默认值为1000 毫秒	倒计时刷新间隔（单位为毫秒/次），即每隔多少毫秒刷新一次，例如 interval = 2000，那么屏幕上的时间每次变化时会少两秒
timeRunCls	djs1（自定义值）	倒计时开始时显示的图片名称
timeUnitCls	djs2（自定义值）	倒计时结束时显示的图片名称
timeEndCls	day（自定义值） hour（自定义值） min（自定义值） sec（自定义值）	天、时、分、秒名称

✎ **操作步骤**

01 **新建文件。** 启动Dreamweaver，新建一个HTML文件，同时删除其原有内容，并将倒计时基础代码粘贴进去，如图22-53所示。

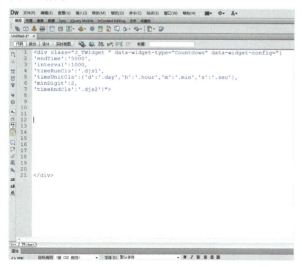

图22-53

02 **建立大图Div。** 新建Div，设置宽度为"1920px"，高度为

"600px"，并添加名称"djs1"，如图22-54所示。

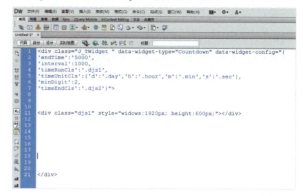

图22-54

03 **上传图片到图片空间中。** 准备好一张倒计时效果设置所需要的图片，并将其上传到图片空间中，如图22-55所示。

图22-55

04 **复制代码并粘贴到Dreamweaver中。** 在图片空间页面中将鼠标指针移动到"商品1"图片上，此时图片下方会显示出一些编辑按钮，之后单击第2个按钮，即"复制链接"按钮🔗，如图22-56所示。将复制的代码粘贴进Dreamweaver当中，如图22-57所示。

图22-56

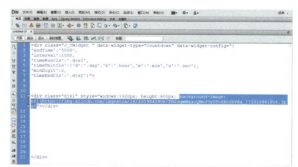

图22-57

05 **新建倒计时Div**。新建一个Div，设置宽度和高度均为"60px"，并为其添加名称"day"，如图22-58所示。

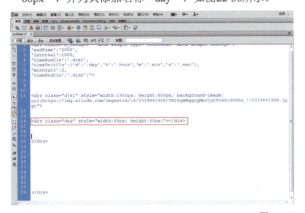

图22-58

06 **添加定位**。因为绝对定位在淘宝中是被屏蔽的，但我们可以用"footer-more-trigger"来实现绝对定位的效果。同时这里的"left"的数值和"top"的数值是暂定的，最后我们需要根据网页中的实际效果来确定最终数值，如图22-59所示。

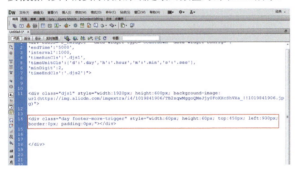

图22-59

07 按照同样的办法，完成后边3个部分的代码的制作，然后修改对应的名称、距左和距顶的数值，并修改好对应的倒计时结束时间，如图22-60所示。

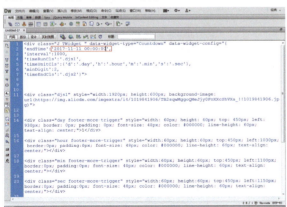

图22-60

08 **设置文字大小**。在代码中设置文字大小为"48"，颜色为黑色，然后使其水平和居中对齐，如图22-61所示。

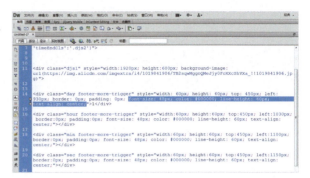

图22-61

09 **装修店铺**。将Dreamweaver里面的代码复制。因为它是全屏的，所以如果直接上传到店铺中它是不能全屏显示的，因此需要借助一个工具来完成。启动"传奇美工助手"软件，选择其中的"通用全屏"功能，将从Dreamweaver中复制的内容直接粘贴到文本框中。如果里面的中文变成了乱码，只需要勾选"消除中文乱码"选项，并按照我们的图片的宽度和高度输入对应尺寸，单击"生成并复制"按钮，即可完成操作，如图22-62所示。

图22-62

10 进入装修后台，添加一个"自定义模块"，然后在后台页面右上角单击"编辑"按钮 ，在弹出的"自定义内容区"对话框的"显示标题"一栏中选择"不显示"选项，并勾选"编辑源代码"选项，将我们生成的代码粘贴进去，如图22-63所示。设置完成的效果如图22-64所示。

图22-63

图22-64

实战：制作旋转木马代码

视频名称	制作旋转木马代码 .mp4
实例位置	实例文件 >CH22>04
技术掌握	旋转木马代码的设置

旋转木马效果其实就是我们常见的轮播效果，例如店招图轮播效果等，如图22-65所示。

图22-65

旋转木马效果参数配置说明见表22-4。

表22-4

旋转木马配置说明		
参数名	取值	说明
effect	none/fade/scrolly/scrollx	切换时的动画效果 none，最朴素的显示／隐藏效果 fade，可实现淡隐淡现的效果 scrolly，竖直滚动 scrollx，水平滚动
navCls	xzmm01（可自定义）	轮播大图名称
contentCls	xzmm02（可自定义）	轮播小图名称
autoplay	true/false	是否自动轮播

✎... 操作步骤

01 新建文件。启动Dreamweaver，新建一个HTML文件，同时删除其原有内容，并将旋转木马基础代码粘贴进去，如图22-66所示。

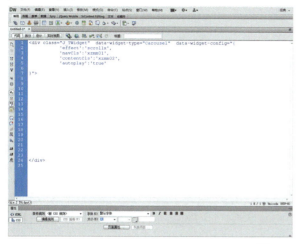

图22-66

02 新建大图片Div。新建Div，然后设置宽度为"950px"，高度为"450px"，添加"overflow: hidden"代码，接着设置超出这个宽950像素和高450像素的区域的部分隐藏掉，并为其添加名称"xzmm02"，如图22-67所示。

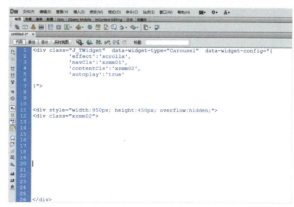

图22-67

03 上传图片到图片空间中。首先，我们要准备轮播图片，并将其上传到图片空间中，如图22-68所示。

图22-68

04 复制代码并粘贴到Dreamweaver中。在图片空间页面中将光标移动到"01"图片上，选择并执行复制代码操作，如图22-69所示。将复制的代码粘贴进Dreamweaver当中，如图22-70所示。

图22-69

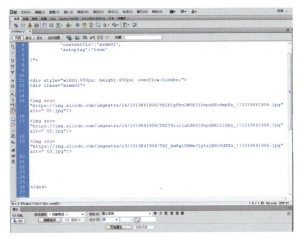

图22-70

05 新建小图Div。新建一个宽度为"500px"，高度为"76px"的Div，为其添加名称"xzmm01"，如图22-71所示。

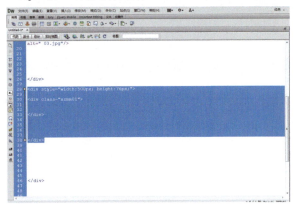

图22-71

06 将图片空间中的小图代码复制粘贴到里面，如图22-72所示。

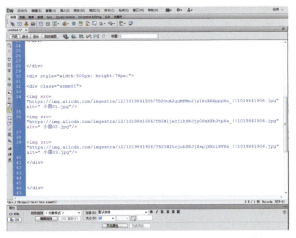

图22-72

07 定位小图。把小图放到大图的下面，所以需要对它进行下定位，我们使用了淘宝专用的定位代码"footer-more-trigger"，如图22-73所示。

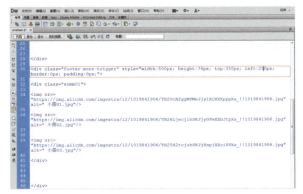

图22-73

08 进入装修后台，添加一个"自定义模块"，然后在后台页面右上角单击"编辑"按钮 ✎ 编辑，在弹出的"自定义内容区"对话框的"显示标题"一栏中选择"不显示"选项，并勾选"编辑源代码"选项，将我们生成的代码粘贴进去，如图22-74所示。完成效果的设置，如图22-75所示。

图22-74

图22-75

拓展练习：制作一个倒计时效果的海报

制作好的倒计时海报效果如图22-76所示。

图22-76